Das Transformation-Management-Office – Die Basis

Sylvia Kern

Das Transformation-Management-Office – Die Basis

Grundlagen und Rüstzeug für agile und digitale Transformationen

Sylvia Kern
Bad Aibling, Deutschland

ISBN 978-3-662-68081-0   ISBN 978-3-662-68082-7   (eBook)
https://doi.org/10.1007/978-3-662-68082-7

Die Deutsche Nationalbibliothek verzeichnet diese Publikation in der Deutschen Nationalbibliografie; detaillierte bibliografische Daten sind im Internet über http://dnb.d-nb.de abrufbar.

Planung/Lektorat: Mareike Teichmann
Springer Gabler ist ein Imprint der eingetragenen Gesellschaft Springer-Verlag GmbH, DE und ist ein Teil von Springer Nature.
Die Anschrift der Gesellschaft ist: Heidelberger Platz 3, 14197 Berlin, Germany

Das Papier dieses Produkts ist recyclebar.

Vorwort

TMO – Transformation-Management-Office – The Game Changer

Den Wandel im Unternehmen proaktiv und erfolgreich gestalten!

Mehr denn je müssen sich in diesen Zeiten Unternehmen, ganz gleich welcher Größe, den veränderten Rahmenbedingungen wie der Digitalisierung oder einer Pandemie anpassen und einem Wandel unterziehen, um wettbewerbsfähig zu bleiben.

Das ist alles andere als einfach und vielerorts scheut man die Herausforderung, sich der Sache auch wirklich anzunehmen. Doch damit sind die eigene Agilität und das weitere Bestehen am Markt in Gefahr – und das „nur" wegen interner Bedenken und möglicher selbst geschaffener Hindernisse. Hier muss das obere Management die Herausforderung erkennen, annehmen, tätig werden und Abhilfe schaffen. Dafür wird eine klare Struktur benötigt sowie der Wille, den Wandel auf allen Ebenen des Unternehmens zu vollziehen und mitzugestalten – vom Top-Management über die mittlere Führungsebene bis zum einzelnen Mitarbeiter.

Für Unternehmen ist es von entscheidender Bedeutung, die richtigen Initiativen zu kennen, zu ermitteln und durchzuführen. Um sicherzustellen, dass diese Initiativen durchgeführt werden, verfügen viele Unternehmen über ein Project-Management-Office (PMO), das für die Überwachung der Initiativen zuständig ist und dafür sorgt, dass sie auf dem richtigen Weg sind und die erwarteten Ergebnisse liefern.

Der digitale Wandel stellt Unternehmen vor die Aufgabe, sich den Herausforderungen und Möglichkeiten der digitalen Welt anzupassen, um wettbewerbsfähig zu bleiben. Eine regelrechte Transformation ist nötig, um den Wert ihrer Veränderungen zu maximieren.

Für solche tiefgreifenden Umstrukturierungsprozesse bedarf es über das Projektmanagement hinaus eines Strategiemanagements. Idealerweise wird dies in einem Transformation-Management-Office (TMO) umgesetzt, das folgende Funktionen vereint.

Das TMO

- richtet alle Initiativen und Projekte auf die Vision, den Auftrag und die Ziele eines Unternehmens aus und stellt sicher, dass echte Geschäftsbedürfnisse erkannt und berücksichtigt werden
- entwickelt gemeinsam mit Führungskräften und PMO (Projektmanagement-Organisation) einen Transformationsfahrplan, der getrennte Teile der Organisation zu einem einheitlichen System für die Umsetzung von Strategien durch Projekte verbindet
- gewährleistet die volle Verantwortlichkeit und Konformität mit den Prioritäten, Plänen und Strategien der Transformation
- entlastet die Unternehmensführung effektiv und proaktiv
- unterstützt die Teams dabei, voneinander zu lernen, unproduktive Redundanzen zu vermeiden und Widerstände zu überwinden

Mit den erforderlichen Ressourcen und passenden Game Changern ausgestattet, fungiert das TMO als kompetenter Verfechter des Wandels – konsequent und nachhaltig.

Dieses Buch liefert Ihnen die wichtigsten Informationen für ein funktionierendes TMO mit Tipps zur Best Practice – damit Sie sicher und erfolgreich Ihren Transformationsweg gehen können!

Sylvia Kern

Vorwort zu „Die Basis"

Vor jeder Expedition oder einem Neuanfang muss erst einmal eine Bestandsaufnahme erfolgen. Was wollen wir, was brauchen wir, wen brauchen wir, welche Rahmenbedingungen brauchen wir, um unser Ziel zu erreichen?

Das Buch TMO The Game Changer „Die Basis" liefert Ihnen das Rüstzeug, die agile und digitale Transformation strukturiert und erfolgreich etappenweise zu implementieren.

Um eines direkt und ohne Umschweife vorwegzunehmen: Die Transformation ist ein Prozess – vergleichbar einer Persönlichkeitsentwicklung des Unternehmens zu neuen Ufern. Damit die Entwicklung sichtbar und erfolgreich gestaltet wird, benötigt es einen Plan!

So wie es auch bei der Umsetzung eines Geschäftsmodells erforderlich ist. Dies geschieht ebenfalls nicht ohne Plan: Sie prüfen die Möglichkeiten und planen die Schritte und optionale Key-Players. Gleichermaßen ist es auch mit der Transformation!

Ein weiterer wichtiger Aspekt: Eine Transformation ist kein Lichtschalter, der durch Ein- und Ausschalten die agile Haltung „zum Leuchten bringt". Es hat ein Mindset-Wandel zu erfolgen. Das geht nur

Schritt für Schritt mit dem notwendigen Willen, dranzubleiben und nicht in alte Muster zurückzufallen, wenn es schwierig wird.

Dafür ist es immer sinnvoll, sich den Blick von außen mit in den Transformationsprozess zu holen. Am besten ist hierfür eine Person geeignet, der Sie vertrauen, denn Wandel bedeutet immer auch, dass sich die Zusammenarbeit verändert, sprich kooperativer wird. Und Kooperation findet nur statt, wenn eine vertrauensvolle Umgebung geboten wird, in der die alten Muster wie Einzelkämpfertum, Aggression und Umsetzen eigener Ziele keinen Nährboden finden.

Die Transformation hat somit nicht nur auf die Prozesse, die Digitalisierung, sondern eben auch auf den Menschen und die Zusammenarbeit Einfluss. Wer dies erkennt und proaktiv und mutig den Weg beschreitet, wird ein Game Changer werden und sich Wettbewerbsvorteile sichern – sowohl in Bezug auf neue Mitarbeiter als auch auf Personal Branding, Innovationen, agilem und flexiblem Agieren – und letztlich ein lohnendes, zukunftsfähiges Unternehmen etablieren.

Inhaltsverzeichnis

Über die Autorin

Sylvia Kern arbeitete viele Jahre lang für diverse Microsoft-Partner im IT/ERP-Umfeld als Team Lead, Senior Project Managerin und Managing Partner Consultant. Dann fasste sie den Entschluss, sich selbstständig zu machen. Entscheidend war, dass sie auf diese Weise ihre Vielfältigkeit und Visionen in verschiedensten Projekten und Bereichen ausleben kann.

Sylvia Kern (Foto Astrid Obert) vereint betriebswirtschaftliches Know-how mit strategischem, konzeptionellem Wissen, innovativen und kreativen Ideen und Lösungen und den vielen praktischen

Erfahrungen aus dem Projektgeschäft. Sie verfügt über Abschlüsse als Innovationsmanager:in FH, Digital Transformation Managerin cert., zertifizierte/r Agile Coach, SCRUM Master, Diversity Managerin cert. und für die mentale Ebene greift sie auf ihr Know-how als Reiki-Meisterin zurück.

Als Visionärin, Transformation Agent, Management- & People-Mover, Coach, Autorin & Speakerin mit Leib und Seele lebt sie das agile, visionäre Mindset, setzt auf Wandel und auf ein zukunftsorientiertes, nachhaltiges Business. Mit VIELFÄLTIGER Erfahrung und Expertise. Ihr roter Faden: Etwas bewegen – sich selbst, Menschen und Unternehmen. Ihr Motto „Geht nicht, gibt's nicht" und ihr Slogan "Be the NEXT-Level - From Change to Transformation!"

Als ziel- und outcome-orientierte Macherin mit Herz und Humor und der „Yes-we-can-Mentalität" kommt Sylvia Kern schnell zum Punkt und unterstützt Organisationen und Menschen, einen neuen und erfolgreichen Weg zu gehen.

Mit ihren unique Transformationskonzepten, Ideen und Lösungen setzt Sylvia Kern auf eine moderne, erfolgreiche und vielfältige Transformation – mit Spaßfaktor und dem Touch des Besonderen. Sie bietet umsetzbare Lösungen mit Outcome-Garantie, sodass Transformation wirklich gelingt. Dabei schafft sie einen ganz besonderen Rahmen, in dem Inspiration und Wissen gekonnt miteinander verbunden werden – Content & Fun!

Von Keynote über KeyWorks zum Thema „Future Skill Vielseitigkeit" deckt Sylvia Kern das Zukunftsthema „Skill" von A bis Z ab und zeigt auf, warum genau Vielseitigkeit der Schlüssel für eine erfolgreiche Zukunft in der VUCA-Welt, der sich ständig ändernden Geschäftswelt, ist.

Mit dem TMO – Transformation-Management-Office setzt Sylvia Kern auf eine strategische und strukturierte Vorgehensweise der agilen und digitalen Transformation – Effektivität, Effizienz, End2End, Komplexität, was es braucht und was nicht mehr dienlich ist, sind hier der Schlüssel zum Erfolg.

Das Thema Innovation deckt sie mit Valuetainment ab – Business mit Musik & Co. wird kreativ und innovativ gemixt. So schafft sie den kreativen Raum für neue Ideen und Innovationen, ohne die die Future-Key-Player nicht mehr auskommen werden.

Damit all ihre Ideen und Konzepte umgesetzt werden können, ist sie gerne netzwerkend unterwegs und bringt die unterschiedlichsten Themen und Personen zueinander. Nach dem Motto von Steve Jobs: „Creativity is just connecting things".

Langeweile ist ein Fremdwort für Sylvia Kern, die als Scanner-Persönlichkeit wissenshungrig, kreativ und offen für Neues ist. Vernetzt denken und komplexe Lösungen entwickeln sind Dinge, die sie nicht nur für ihre Kunden angeht. Um die Ecke gedachte Ideen mit Strategie und Plan umzusetzen, Menschen begeistern und einbinden – all das findet sich auch in Sylvia Kerns Motto wieder: Mit Mut fängt die Zukunft an!

Sylvia Kern, März 2023
LinkedIn: https://www.linkedin.com/in/sylvia-kern/
Website: www.sylviakern.com

1

Agile & digitale Transformation meets TMO

Zusammenfassung Die Transformation, sowohl auf der Digitalisie-rungsebene wie auch auf der Culture-Fit-Ebene, muss für ein Unter-nehmen professionell „gesteuert und gelenkt" werden. Komplexität erfordert gut durchdachte Lösungen, die umzusetzen sind. Hierzu bedarf es eines Steuerungs- und Lenkungsinstruments im Unter-nehmen, sodass ein Erfolg in Sicht ist und greifbar gemacht werden kann. Im nachfolgenden Kapitel erfahren Sie, wie Sie dies in Ihrem Unternehmen, einer Organisation am besten und intelligentesten sowie effektivsten angehen können. Ebenso erfahren Sie, wen Sie hier-für benötigen und welche „Sparringspartner" am sinnvollsten zu involvieren sind. Hinsichtlich der Unternehmenskultur erhalten Sie gleichfalls einen Einblick, was künftig notwendig sein wird, um einen Wandel auf allen Ebenen erfolgreich umgesetzt zu bekommen.

Keiner wird sich der Transformation entziehen können, Sie selbst haben es jedoch in der Hand, ob Sie diese Transformation als Ihren Sparrings-partner sehen. Die Transformation ist Ihr Wegbegleiter in Sachen Zukunft und Wettbewerbsfähigkeit. Aber was steht Ihnen im Weg?

© Der/die Autor(en), exklusiv lizenziert an Springer-Verlag GmbH, DE, ein Teil von
Springer Nature 2023
S. Kern, *Das Transformation-Management-Office – Die Basis*,
https://doi.org/10.1007/978-3-662-68082-7_1

Das ist alles andere als einfach und vielerorts scheut man die Herausforderung, sich der Sache auch wirklich anzunehmen. Doch damit sind die eigene Agilität und das weitere Bestehen am Markt in Gefahr – und alles „nur" wegen interner Bedenken und möglicher selbst geschaffener Hindernisse. Hier muss das obere Management die Herausforderung erkennen, annehmen, tätig werden und Abhilfe schaffen. Dafür wird eine klare Struktur benötigt sowie der Wille, den Wandel auf allen Ebenen des Unternehmens zu vollziehen und mitzugestalten – vom Top-Management über die mittlere Führungsebene bis zum einzelnen Mitarbeiter.

Die agile und digitale Transformation in einem Unternehmen ist ein struktureller Veränderungsprozess und eine der wichtigsten Leadership-Aufgaben für die Zukunft und die nächsten Jahre.

Damit die Unternehmenstransformation zu einem Erfolg wird, erfordert diese eine strukturierte Vorgehensweise mit Zukunftsblick sowie eine Implementierung bezogen auf das komplette Unternehmen – keine Business-Unit, kein Fachbereich, kein Bereich insgesamt bleibt davon unangetastet. Es muss auf das ganze Unternehmen übertragen werden.

Hierzu benötigt es eine Institution im Unternehmen, die die Steuerung und Lenkung übernimmt, Impulse und Trends im Blick hat sowie ferner den Fokus der Unternehmens- und Businessziele nicht aus den Augen verliert – also die Unternehmens-Vogelperspektive einnimmt.

1.1   Lernende Organisation als Change-Modell

Die agile und digitale Transformation als moderner Ansatz versteht sich ebenso im Kontext einer „lernenden Organisation". Wer up to date sein möchte, benötigt ein Re- und Upskilling, das Ziel des lebenslangen Lernens und ein Gefühl für Trends, um hier einige Punkte aufzugreifen.

Change-Management kann an verschiedenen Punkten ansetzen:

- Einerseits können radikale Veränderungen in kurzer Zeit vorgenommen werden, wie z. B. bei der Umstrukturierung von Geschäftsprozessen.

• Andererseits kann ein evolutionärer Wandel geschehen, der in „sanften" kleinen, aber dafür dauerhaften Schritten vollzogen wird – sprich ein Mindset-Shift.

Das Change-Management-Modell der „lernenden Organisation" setzt auf einen kontinuierlichen Entwicklungsprozess von Unternehmen und Organisationen. Dies entspricht ebenso dem agilen Ansatz, iterativ sich und den jeweiligen „Prozess" zu entwickeln, um auf Unvorhersehbarkeit schnell agieren und reagieren zu können.

Eine lernende Organisation stellt das Lernen und das Wissen in den Mittelpunkt. Dies sichert, wie bereits angedeutet, die Wettbewerbsfähigkeit. Ziel des Change-Managements ist es, einen dauerhaften Lernprozess im Unternehmen zu gewährleisten, damit es wendiger und anpassungsfähiger wird.

Was ist wendiger: ein Tanker oder ein Speed-Boot?!

Weiterer Vorteil einer lernenden Organisation ist es, dass die Veränderung durch Lernprozesse aller Mitarbeiter erfolgt und somit nachhaltig den Erfolg allen Beteiligten und für das Unternehmen sichert. Agilität, Wendigkeit, Anpassungsfähigkeit sind nicht jedem in die Wiege gelegt, noch dazu waren bisher mehr Tanker-Skills als Speed-Boot-Skills gewünscht. Der Lernprozess und die Wandlungsfähigkeit benötigen somit eine gewisse Zeit, denn sie beruhen auf dem Engagement und dem Willen eines jeden Einzelnen.

Wichtig ist anzumerken, dass das Konzept der „lernenden Organisation" ganzheitlich gedacht und umgesetzt wird. Hierzu finden Sie auch im Kapitel „Future Skills" weitere Anregungen.

Merkmale einer lernenden Organisation
• Mitarbeiter werden zur Eigeninitiative, zum Lernen und zur Leistungs-/Potenzialentfaltung ermutigt.
• Kompetenzen der Mitarbeiter werden gefördert, auch über deren Fachbereich o. Ä. hinaus, z. B. Vielseitigkeits-Skills entwickeln.
• Andere Stakeholder unterstützen diese Art der Lernkultur – Kunden, Lieferanten u. v. m. „ticken gleichlautend" und ein Lern-Potenzial-Netzwerk wird somit gestaltet.

- Wissenserweiterung wird als wesentliche Geschäftsaktivität und Business-Strategie verstanden.
- Die Transformation basiert auf „freiwilliger Basis", die Vorteile der kontinuierlichen Entwicklung werden erkannt und positiv bewertet.

Für eine persönliche oder Team-Learning-Zielsetzung im Unternehmen kann z. B. ein „Learning-Canvas" hilfreich sein. Aufstellung wie erwähnt pro Person oder pro Team (siehe Abb. 1.1).

Zur Erweiterung der eigenen Skills oder der Skills im Team ist es geschickt, sich die künftigen Future Skills detaillierter anzusehen und zu prüfen, wo ein Up- und Reskilling vorteilhaft wäre. Die künftigen Future Skills werden vorherrschend in vier Hauptgruppen eingeteilt (siehe Abb. 1.2).

1.2   TMO – Sinn, Zweck & C-Level

Das TMO – Transformation-Management-Office ist der Transformationsbegleiter des Unternehmens, der alle Transformationsbeteiligten im Wandel begleitet und die gesteckten Ziele im Auge behält, damit das Unternehmen diese erreicht.

Die Verantwortung für die Erreichung einzelner Ziele selbst obliegt jedoch den Funktionsverantwortlichen bzw. den Verantwortlichen der jeweiligen Geschäftsbereiche – den Business Units. Diese verfolgen die entsprechenden Ziele und liefern die Ergebnisse an das TMO.

> Die Aufgabe des TMOs ist es somit, die gesamte Organisation bei der Zielerreichung zu unterstützen und die Transformations-Power zu erhöhen, zu beschleunigen – die Verantwortlichkeit und Transparenz wird dadurch gefördert.

Das Transformation-Management-Office kann somit als neue „Stabsstelle" verstanden werden und wird auf C-Level-Ebene geführt; z. B. durch einen CTO – Chief Transformation Officer, der straight eine strikte Richtung verfolgt, kontinuierliche Abstimmungsrunden festlegt

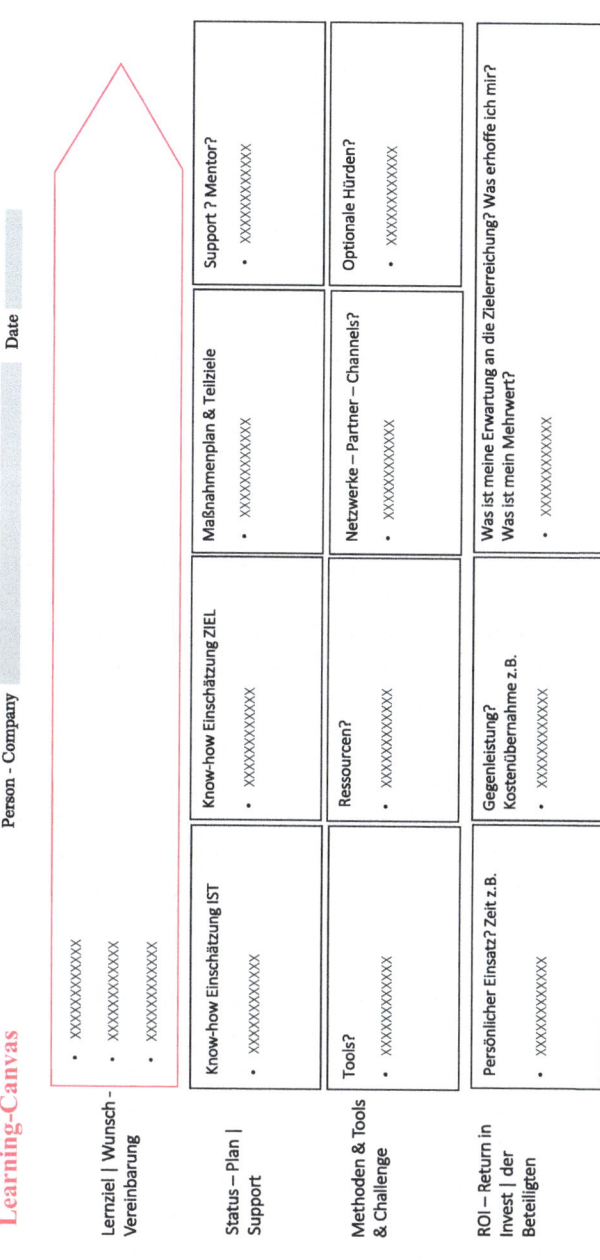

Abb. 1.1 Learning-Canvas. (©Sylvia Kern 2023. All Rights Reserved)

Future Skills – Overview

- Inspiration für Re- und Upskilling
- 4 Haupt-Kategorien

- Technologische
  Kompetenzen
  o **Beispiel Software-
    Entwicklung**
- Digitale Schlüssel-
  Kompetenzen
  o Beispiel
    Digital
    Collaboration
- Klassische Kompetenzen
  o Lösungsfähigkeit
  o **Kreativität**
  o Resilienz
- **Transformative Kompetenzen**
  o **Innovationskompetenz**
  o **Veränderungskompetenz**
  o **Dialog- und Konfliktfähigkeit**
  o Missionsfähigkeit – Vision – etwas
    bewegen – Menschen inspirieren

Abb. 1.2 Future Skills Overview. (©Sylvia Kern 2023. All Rights Reserved)

und Fortschritte sowie die vereinbarten Ziele zur Umsetzung gewähr-leistet.

Oft scheitern Change-/Transformationsbemühungen, weil Unternehmen keine oder ungern – kritische – Entscheidungen treffen wollen. In diesem Fall muss das TMO die Herausforderungen und Probleme an die oberste Führungsebene weiterleiten, damit eine Entscheidung getroffen wird. Macht das TMO einen guten Job, wird dies zweifelsfrei zu einer schrittweisen Veränderung im Unternehmen führen.

Das TMO geht somit weit über das bis dato gekannte Projektmanagement hinaus und agiert ganz im Sinne und im Auftrag der Geschäftsführung. Das TMO ist ebenso ein flexibles Gebilde – auch im Hinblick auf die Teamgröße, je nach Projektphase. Es koordiniert alle Beteiligten im Unternehmen sowie auch die von außerhalb (z. B. Berater) im Rahmen der folgenden vier Bereiche: dem Value/Outcome, dem Design, der Umsetzung sowie der Business-Akzeptanz. Und das bei absoluter Minimierung des Risikos, das eine Transformation für ein Unternehmen nun mal mit sich bringt.

So werden die Weichen gestellt, auch künftig schnell und kompetent auf Veränderungen zu reagieren sowie erfolgreich mit einem unternehmenseigenen Zukunftsteam agieren zu können. Denn auch das macht ein TMO aus: Es verfolgt nicht nur das Voranschreiten des Transformationsprozesses, sondern es gestaltet aktiv und setzt ihn – trotz aufkommender Herausforderungen – erfolgreich um.

1.3 Interne und externe Dienstleister – die perfekte Mischung macht's!

Zur Gestaltung benötigt das TMO auch die entsprechende Umsetzungskompetenz, die sich aus verschiedenen Komponenten zusammensetzt. Zu den weiteren Aufgaben eines TMO gehört es, für die entsprechenden Aufgaben und Ziele die passenden internen und externen Dienstleister ins Boot zu holen.

Dabei ist es gleich, ob es sich beispielsweise um die Implementierung neuer Prozesse oder um die Einführung neuer IT-Systeme im Unternehmen handelt. Denn das TMO verbindet die Teilorganisationen sowie Fachbereiche mit der IT-Abteilung, fungiert damit – wie bereits erwähnt – als Stabsstelle mit Entscheidungskompetenz auf C-Level-Ebene und verliert dabei das große Ganze niemals aus den Augen.

Ist das Transformation-Management-Office mit den richtigen Personen besetzt, wird es die Organisation zum Erfolg führen.

Als Beispiel für eine erste Auswahl von externen Partnern oder Kooperationspartnern eignet sich ein One-Pager als Auswahl-Check-Liste (siehe Abb. 1.3).

1.4 Gefragt sind Personen mit besonderen Fähigkeiten!

Dass sich Menschen mit außergewöhnlichen, vielfältigen Fähigkeiten besonders gut als Personen für das Transformation-Management-Office eignen, liegt auf der Hand.

Der Wandel, die agile & digitale Transformation sind kein leichtes Unterfangen: komplexe Herausforderungen gilt es zu lösen, funktionsübergreifend müssen die Personen zusammenarbeiten, da bedarf es eines vielseitigen Skill-Sets. Es sind die Future-Skill-Held:innen, die mit ihrem Skill-Werkzeugkasten das TMO orchestrieren.

Doch woher soll man diese bekommen? Es empfiehlt sich, den Blick durch die eigenen Personalreihen schweifen zu lassen und Ausschau nach Mitarbeitern zu halten, die aufgrund einer Vielbegabung bzw.

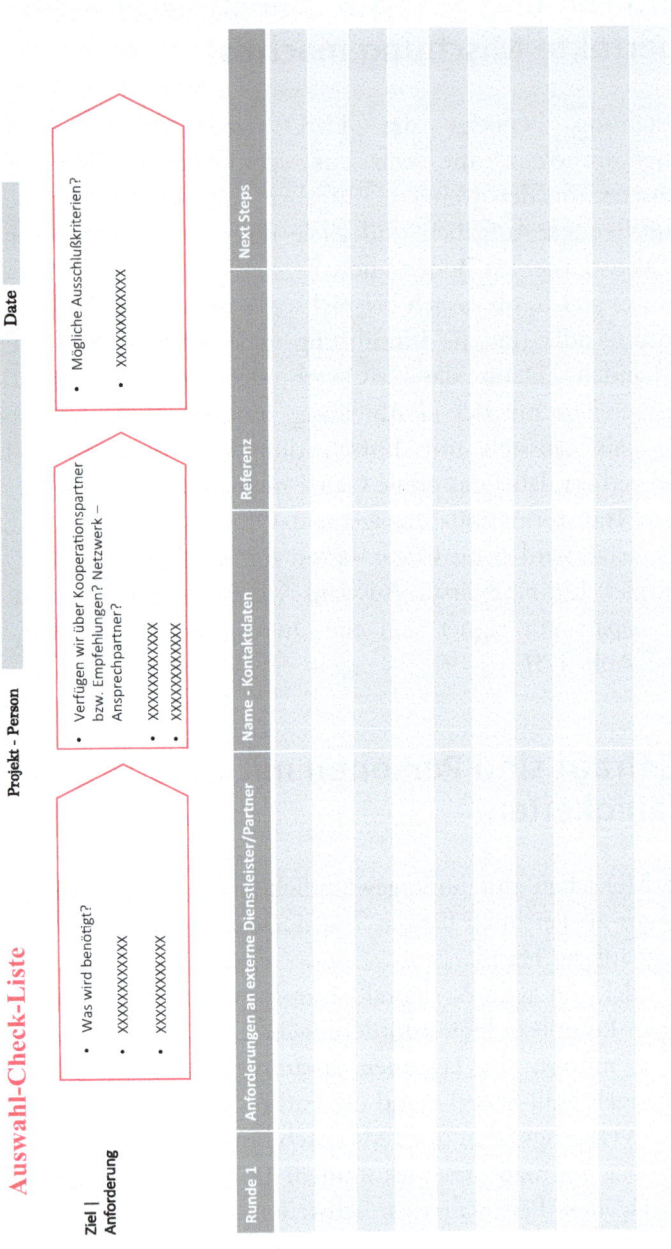

Abb. 1.3 Auswahl-Check-Liste. (©Sylvia Kern 2023. All Rights Reserved)

ihres breiten Interessen- und Wissensspektrums in vielen Fachbereichen bewandert sind und einen extrem guten Überblick über die unterschiedlichsten Themen haben.

Das sind nicht unbedingt immer die mit dem geradlinigsten Lebenslauf, sondern die sogenannten Scanner, Multipassionates, Future-Skill-Held:innen. In der Regel handelt es sich dabei auch um empathische, offene und neugierige Menschen, die die richtigen Fragen stellen und mit neuen Denkansätzen ungeahnte Lösungen finden. Sie überzeugen die anderen Kollegen, nehmen sie mit auf den Weg des Wandels und erleichtern den Abteilungen und damit dem ganzen Unternehmen den Transformationsprozess.

Versuchen Sie es doch einmal mit einer internen Ausschreibung unter dem Titel „Wir gründen für den Transformationsprozess ein TMO – wer hat Lust auf neue Herausforderungen?"

Sie werden sehen: Scanner, Future-Skill-Held:innen schreien gleich „hier". So haben Sie schon einige potenzielle Kandidaten für das TMO aus dem eigenen Unternehmen heraus eruiert.

1.5 Zeit für Veränderung – jetzt! Jeder Schritt zählt!

Ob Mittelstand oder Großkonzern: Unternehmen sollten keine weitere Zeit verlieren und stattdessen aktiv tätig werden. Das Zusammenstellen eines geeigneten Teams mit den entsprechenden Future Skills und damit der Aufbau des neuen Transformation-Management-Office ist gar keine so große Herausforderung mehr, sobald man sich in den Führungsetagen des großen Gewinns bewusst wird. Das Transformation-Management-Office gibt Sicherheit und begleitet alle anderen Teams auf der gemeinsamen Reise, die der Wandel mit sich bringt. So gelingt die (agile und digitale) Transformation ganz bestimmt.

1.6 Expedition – Transformationsweg erfolgreich & etappenweise erklimmen!

Wer sich auf eine Expedition begibt oder sich einer größeren Herausforderung stellt, beispielsweise das Matterhorn, den Mount Everest oder Etappen von der Tour de France bestreiten möchte, muss sich gut vorbereiten.

Fitness, Ausrüstung, Team, Support und die Route sowie alternative Routen, Zwischenetappen etc. sind zu planen. Mentale Fitness, Resilienz, wie und wo finden wir wieder Kraft, denn sowohl eine Expedition, eine Challenge, wie auch die Transformation benötigen „körperliche und geistige" Kraftreserven.

Ebenso erstrebenswert und effektiv wie auch effizient ist es, vor dem „Start" zu prüfen, was ausgemistet werden darf oder muss, weil es nicht mehr funktionstüchtig oder gar veraltet ist. Wer ausmistet und mit leichtem Rucksack startet, kann sich erstmal einen guten Überblick verschaffen (siehe Abb. 1.4).

Loslassen ist ein zentraler Punkt in der Transformation, sowohl in der Business-Welt als auch in der persönlichen Transformation. Eines darf gleichfalls nicht vergessen werden: Die agile und digitale Transformation benötigt ein verändertes Mindset, alte Sichtweisen dürfen und müssen neuen weichen.

Ein Loslass-Prozess ist für das Unternehmen und die Beteiligten nicht einfach. Transformationsschmerzen wird es geben und die gilt es zu „versorgen", zu „verarzten". Am besten vorab und während der Transformation mit Resilienz-Training, Selbstreflexion und mentalem Fitness-Training.

Einen Ausgleich zu schaffen, um die Resilienz auf- und auszubauen, mit Sport, in der Natur, ist einer der wichtigsten Punkte, um sowohl körperlich als auch mental fit zu sein. Kreative Auszeiten, wie z. B. künstlerischen Tätigkeiten nachgehen, malen oder singen, schaffen ebenso die Möglichkeit, Abstand zu gewinnen und weitere Impulse für neue, kreative Lösungswege zu erzeugen. Für mentale Fitness, Selbstreflexion, Achtsamkeit, um Blockaden und Muster zu erkennen u.

Abb. 1.4 Expeditionsausrüstung. (Foto von Alice Donovan Rouse auf Unsplash: https://unsplash.com/de/fotos/z9F_yK4Nmf8)

v. m., was sich auf dem Transformationsweg ergibt, gibt es unzählige Möglichkeiten und Methoden. Nachdem mein zweiter Vorname „Schnell" lautet, habe ich für mich Reiki entdeckt. Als Reiki-Meisterin und Transformationsexpertin weiß ich, wie wichtig die „Energie" ist, und ebenso weiß ich, wie Konflikte und Blockaden diese oft behindern. Probieren Sie einfach Ihre Methoden aus, um im Fluss für den Transformationsweg zu bleiben.[1]

---

[1] Reiki ist eine der bekanntesten Entspannungsmethoden der Welt, sie belebt Körper und Geist, lässt einen zur Ruhe kommen. Reiki (*rei* = Geist, Seele und *ki* = Lebensenergie) ist eine Form des Handauflegens, die im 19. Jahrhundert in Japan vom buddhistischen Mönch und Gelehrten Mikao Usui wiederentdeckt und etabliert wurde. Reiki bedeutet somit „universelle Lebensenergie".

2

TMO – Transformation-Management-Office | Die Basis

Zusammenfassung Das TMO – Transformation-Management-Office ist DIE Schaltzentrale für Ihren erfolgreichen Transformationsweg. Sie erhalten hier die Basis-Ausstattung eines TMOs, wie ein Transformation-Management-Office aufzustellen ist und warum es von elementarer Bedeutung ist, das Management als Kapitän mit an Bord zu haben, um das gemeinsame Ziel zu erkennen und frei von unnötigen Turbulenzen die gesetzten Ziele zu erreichen. Sie erhalten detaillierte Informationen bezüglich der entsprechenden Erfolgskomponenten der agilen und digitalen Transformation, was unverzichtbar ist, was auch auf diesem Weg des Wandels als Ballast abgeworfen werden darf und wie wichtig es ist, zu starten, ohne die Route im Detail zu kennen. Der Wandel wird begleitet von Experiment, Reflexion und Verbesserung.

Den Nutzen und die Argumentation, ein TMO zu etablieren, sprechen für sich. Sind optionale Zweifel über diese neue Business-Unit beseitigt, ist es Zeit, mit dem TMO-Aufbau zu beginnen.

2.1   TMO-Basislager | Aufstellung & Standing

Bevor das TMO mit seinen Aufgaben starten kann, muss es sich zusammenfinden, sprich: das Staffing steht an. Der ernannte CTO – Chief Technology Officer stellt sein Team zusammen, je nach Unternehmensgröße ist es sinnvoll, zusätzlich eine:n TMO-Leiter:in zu benennen.

Für den Überblick innerhalb der Organisation und ebenso für die Zusammenstellung und Zusammensetzung des TMOs ist ein Organigramm bestens geeignet. Das Organigramm stellt die Aufbauorganisation eines Unternehmens dar, welche bereits vorhandenen organisatorischen Einheiten – Business-Units gegeben sind. Basierend auf dieser grafischen Darstellung siedeln Sie hier das Transformation-Management-Office entsprechend an. Daraus wird ebenso ersichtlich, welche Aufgabenverteilungen und auch welche Kommunikationsbeziehungen gegeben sind. Nachdem das Unternehmen, insbesondere im Rahmen der Transformation und dessen Komplexitätsgrad, sich erweitert, ist es mehr als ein Must-Do und Must-Have, die Erstellung einer bzw. mehrerer Organigramme zu erstellen. Synergien innerhalb, aber auch bei erweiterten TMO-Organigrammen inkl. aller externer Beteiligter, können ebenso erkannt und genutzt werden siehe (Abb. 2.1).

Management Board | C-Level
Organigramm
CEO | COO | CFO | CMO | CTO

TMO – Transformation Management Office | Creator „Unternehmenswandlung" | CTO VS TMO-Lead

| Marketing & Sales | Purchasing Production Logistic | Research and Development | HR- Human Capital | IT- Department | Finance & Controlling | Risk & Tax | Externe Business Partner (ERP/SAP/MS-Managed Serivce, IT-DL, WP/STB etc.) |

Abb. 2.1   Organigramm – Überblick. (© Sylvia Kern 2023. All Rights Reserved)

Experten-Tipps

- Erstellen Sie am besten mehrere Diagramme und „verknüpfen" Sie diese, um hier auf High-Level die Unternehmensbeziehungen/ Kommunikationswege inkl. der Prozesse/Werteflüsse auf High-Level auf Anhieb zu erkennen. Benefit on Top „die ständigen Fragen, wer für etwas verantwortlich, zuständig, ansprechbar ist".
- Wenn Sie es noch weiter verfeinern wollen, hinterlegen Sie doch gleich die entsprechenden Ansprechpartner ebenso mit einem „Drill down". Der Drill down ermöglicht Ihnen somit das Navigieren in „hierarchischen" Daten bzw. Datenstrukturen.

Das **TMO und das entsprechende Transformationsteam** versteht sich als Change-Begleiter und ist der strukturierte Implementierungspartner in der Organisation, der koordiniert, prüft, harmonisiert, Werte vorlebt und diese entsprechend mit agilen Arbeitsmethoden im Unternehmen untermauert und ein selbstlernendes und sich selbst organisierendes Unternehmen fördert. Das Transformationsteam unterstützt ebenso die cross-funktionale Zusammenarbeit. Da der Komplexitätsgrad in der heutigen Zeit immer mehr zunimmt, ist der Blick auf das große Ganze das A und O auf der Agenda des Erfolgsteams. Wie man erkennen kann, benötigt das Transformationsteam vielseitige Skills!

Der Aufbau eines Transformationsteams vereint somit das operative Business mit der IT-Welt und dem Management, um anhand der Unternehmenswerte Vision und Ziele erfolgreich im Wandel zu begleiten und zu steuern. Das passiert unabhängig von der Unternehmens- und Teamgröße.

Es kommt darauf an, den We-Factor der lernenden Organisation zu stärken, sprich die Zusammenarbeit und die Kommunikation zu fördern. Daher muss dieses Transformationsteam als Change-Begleiter sowohl mit fachlicher als auch sozialer Kompetenz ausgestattet sein, um auch die agilen Werte verankern und eine Feedback-Kultur etablieren zu können. Damit der Change nicht im Chaos versinkt, kommen entsprechende Frameworks und Tools hinzu, die implementiert und gecoacht werden müssen.

Die **Zusammenarbeit zwischen Führungsebene, dem Management-Board und dem TMO-Transformationsteam** findet im kontinuier-lichen Austausch statt. Das Management gibt die Vision, die Ziele und die Strategie vor, die das TMO & Team umsetzt und optionale Veränderungsmaßnahmen mit dem Management-Board wieder abstimmt, evaluiert und nachjustiert.

Erfolgsverhinderer und häufige Fehler bei Veränderungen in Trans-formationsprojekten sind **Machtspiele,** diese dürfen keinen Platz finden und diesen gilt es, offensiv zu begegnen und sie zu eliminieren. Wer möchte schon seine lang erkämpften Vorteile so ohne weiteres aufgeben? Es ist nur allzu verständlich – für das agile Arbeiten jedoch kontraproduktiv. Das Transformationskonzept sollte somit auch Lösungen für die bisher „erarbeiteten Vorteile" wie Eckbüro, Assistent:in, Titel & Co. bieten.

Ein weiterer Aspekt ist es, dass viele Unternehmen grundsätz-lich nicht genau wissen, wo sie am besten starten sollen. Es gibt keine entsprechende Analyse, welcher **Agilitätsgrad** vorliegt und welche Schritte notwendig sind. Dabei möchte ich betonen, dass ich mit Ana-lyse nicht meine, ein Jahr lang Analyse zu betreiben! Aber es ist wie bei einer ERP-/Software-Implementierung: Will man einen guten GoLive abliefern, dann sind Analyse und Planung die halbe Miete. Der Auf-wand sollte – bezogen auf das jeweilige Unternehmen – mit sinn-vollem Augenmaß bemessen werden. Eine weitere Herausforderung, die oft unterschätzt wird, ist, dass „Agilität" kein Tool ist, sondern eine Haltung. Und wie gesagt: Ein **Mindset** ist kein Lichtschalter, der an- und ausgeknipst werden kann.

Ebenso wird zu wenig verstanden, dass diese agile Haltung auch bestimmte Rahmenbedingungen benötigt, eben weniger Bürokratie & Hierarchie im Sinne auch von Machtspielen. Das heißt, dass auch im Management das agile Mindset vorgelebt werden muss. Wenn der patriarchische Leuchtturm strahlt, können keine **agilen Geister gedeihen!** Und eine der wichtigsten Erkenntnisse für Unternehmen: Es ist ein stetiger Prozess, der je nach Agilitätsgrad kontinuierlich evaluiert und vorangetrieben werden muss – so funktioniert eine lernende Organisation!

Fakt ist: Die digitale Transformation ist mehr ein Kulturwandel und weniger eine technische Revolution!

2.2 Status & Management Agreement

Vor jeder Expedition, Challenge oder Aufgabe ist es wichtig, das ZIEL zu kennen: Was ist das gewünschte Ergebnis? Kennen wir unser Ziel, finden wir, wenn wir wollen, auch einen Weg; nur wer das Ziel nicht kennt, wird unnötige Umwege in Kauf nehmen müssen. Das heißt nicht, dass nicht manche Extrameile oder gar mancher Umweg „sinnvoll" und notwendig sein wird, aber diese Extrameilen gilt es, bewusst zu machen.

Fragen, die Sie sich stellen sollten
- Wo stehen wir?
- Wo wollen wir hin?
- Welche/s Ergebnis/Ergebnisse ist/sind gewünscht?
- Transformation heißt Mindset-Wandel, wie gehen wir mit Beteiligten um, die diesen Shift nicht wünschen und ihm nicht offen gegenüberstehen? Auch auf Exekutive-Ebene?
- Welche Konsequenzen sind wir bereit zu ziehen, um die Transformation nicht zu gefährden?
- Welche Multiplikatoren – Transformations-Role-Models/Influencer – können wir bereits vorab gewinnen?
- Welche externen Berater, Change- und Transformationsbegleiter benötigen wir?
- Wie gehen wir mit holprigen Situationen um? Wie sichern wir die Motivation und das Core-Business?
- Wie viel zusätzliche Kapazitäten sind wir bereit zu stellen?
- Welches Budget sind wir bereit freizugeben?
- Wie sieht es mit einer Change-/Transformationsstory aus? Eine Warum-Story lässt sich bekanntlich besser verkaufen und lässt alle Beteiligten am gemeinsamen Strang ziehen.

- Wie wollen wir kommunizieren? Change- und Transformations-projekte scheitern in der Regel nicht an der Technologie, sondern am Menschen, dementsprechend ist die Kommunikation das A und O.
- Welche Kommunikationstools und Methoden wollen wir einsetzen?

Weiterführende Fragen, die sich auf Vision, Mission und Strategie beziehen

- Wie sind unsere Vision und Mission? Wie bauen wir diese gekonnt in die Change-/Transformationsstory ein?
- Wie sehen unsere Prozesse aus?
- Wie sehen unsere Konzepte und die entsprechenden Strategien aus?
- Wie sehen unsere Geschäftsmodelle aus und welchen Einfluss haben sie auf die Transformation?
- Wie sieht unsere Unternehmenskultur aktuell aus?
- Welcher Agilitätsgrad liegt vor und welcher ist für unser Unternehmen notwendig und sinnvoll? Dabei ist zu bedenken: Ein Tanker wird nicht von heute auf morgen zum wendigen Speed-Boot.
- Wie sieht unser Change-/Transformationskonzept aus?
- Welche Notfallstrategien haben wir?
- Gibt es einen Plan B?

Fragen, die sich rein auf die Geschäftstätigkeit, auf das Business beziehen

- Wie sieht die aktuelle Marktsituation aus?
- Wie sieht die aktuelle Wirtschaftssituation aus? – diverse Krisen
- Gibt es lokale oder nationale Veränderungen?
- Gibt es „rechtliche" Veränderungen, die sich auf das Business optional niederschlagen? (z. B. Wärmepumpen-Thematik und hier der Verkauf der Sparte von Viessmann)
- Wie sieht die aktuelle Branchensituation aus? (z. B. Corona und die Herausforderung für die Messe- und Eventbranche)
- Wie sieht die Wettbewerbssituation aus? Welche Mitbewerber gibt es am Markt?
- Wie sehen die Zukunftstrends aus? (z. B. KI – Künstliche Intelligenz, ChatGPT u. v. m.) Wie sieht die Mitarbeitersituation aus? Dies stellt einen wichtigen Punkt in der Transformation dar! (Generation Z, Generation X die Brückenbauer? – wer packt mit an?)

Zur besseren Übersicht ist es hier sinnvoll, die Fragen, Themen wie vorab beschrieben in einem Management Canvas beispielsweise zusammenzufassen. Das Management Canvas stellt die strategische Entwicklung des Unternehmens dar, Sie entwickeln mit diesem Tool einen strategischen Plan. Besonders wertvoll ist dieses Canvas wiederum, da dies auf einfache Weise eine All-in-One-Ansicht vermittelt. Sie befassen sich mit den Zielen des Unternehmens und halten diese fest. Es findet ebenso eine detaillierte „Auseinandersetzung" mit den Stärken, aber auch den Schwächen statt. Dadurch ergeben sich neue Blickwinkel für entsprechende „Gelegenheiten", diese zu erkennen und auszuschöpfen, um dann einen entsprechenden Maßnahmenplan zu entwickeln. Dieser OnePager wird häufig unterschätzt. Die Herausforderung besteht darin, die ganze Komplexität erst zu splitten, um sie dann in ein kompaktes Format mit der Essenz wertvoll umzusetzen, sodass effektive und effiziente und langfristige Ziele und Maßnahmen umgesetzt werden können.

Im Rahmen der Erstellung des Management Canvas ist es gleichfalls sinnvoll, dies vorweg mit dem Business Model Canvas zu kombinieren. Im Business Model Canvas geht es um das entsprechende Geschäftsmodell bzw. die Geschäftsmodelle eines Unternehmens. Das Management Canvas betrachtet nachfolgende Punkte im Detail, Sie können diese gerne auf Ihre Bedürfnisse anpassen und erweitern (siehe Abb. 2.2).

Management Canvas – Fragen

- **Risiken**
  Für die Risikobewertung nehmen Sie, wie vorab in den Fragen aufgelistet, Ihr „Umfeld" unter die Lupe. Welche äußeren Faktoren haben auf Ihr Unternehmen Einfluss?
- **Gelegenheiten | Chancen**
  Welche Chancen können sich daraus auch wieder ergeben? Z. B. können durch eine Krise eine neue Zielgruppe oder ein neues Geschäftsmodell entstehen, die sich wiederum auch auf die Transformation auswirken, indem z. B. neue Kooperationspartner hinzugezogen werden, um das neue Geschäftsmodell zu digitalisieren. Gerne möchte ich hier auf den Teil der Transformation „Harmonisierung und IT-Landscape" verweisen.

Management Canvas

Coach ▓▓▓▓▓▓   Client ▓▓▓▓▓▓   Date ▓▓▓▓▓

2. Opportunities| Gelegenheiten	5. Goals | Ziele	4. Strengthen | Stärken
1. Risk | Risiko-Gefahren		3. Weakness | Schwächen
6. Plan of action | Maßnahmenplan		7. Monitoring | Check- überwachen

Abb. 2.2 Management Canvas ©Sylvia Kern 2023. (In Anlehnung an Anthony Holtz, Management Canvas, https://managementcanvas.de/, https://CC BY-SA 4.0/)

- **Stärken**
  Was sind die absoluten Stärken, auch Alleinstellungsmerkmale von Unternehmen selbst, aber auch hinsichtlich z. B. der Mitarbeiter? Es gibt hier bestimmt eine Menge, die Sie von den Mitbewerbern abhebt, oft ist ein Feedback von außen sehr hilfreich.
- **Ziele**
  Ziele, Ziele, Ziele – ohne Ziel kein Weg und kein Erfolg! Was ist der gewünschte Erfolg, was soll an Outcome generiert werden und wie würde dieser aussehen?
- **Maßnahmenplan**
  Der Maßnahmenplan legt die entsprechenden Meilensteine hin zum Ziel fest.
- **Überwachung | Monitoring**
  Die Maßnahmen müssen immer „überwacht" | geprüft werden, der Vergleich von Ist zum Plan. Wie ist der Status, wo geht die Reise hin, um ebenso entsprechend Support hinzuzuziehen und nachzujustieren. Wo und wie können bestimmte Kennzahlen und Größen für den Check festgelegt werden? Klare Rollenverteilung, damit die Verantwortung zur Prüfung gewährleistet ist.

2.3 Mission – Vision – Status – Ziel | How to „Future"

Ein erfolgreicher Change ist nur möglich, wenn die Mission und die Vision klar und deutlich formuliert sind. Dies gibt den HALT, denn auf dem Weg des Wandels wird es ab und an, wie bei einer Basis-Lager-Beschreitung, „stürmisch". Wer dem Sturm, den Herausforderungen trotzen will und kann, braucht eine starke „Basis" und diese ist eine starke „Vision".

Was für eine erfolgreiche Transformation spricht, ist, Mission und Vision festhalten, kommunizieren und vor allem „vorleben".

Für die notwendige Transparenz ist die Visualisierung mittels des Transformation Canvas zweckmäßig und steckt den Rahmen des Transformations-Projektes für das Unternehmen ab. Selbstverständlich kann pro Business-Unit, Fachbereich, Führungskraft oder ähnliches ein weiteres bzw. ein eigenes Transformation Canvas (TC) generiert werden. Im TC definieren Sie die Ziele dieses jeweiligen Transformationsprojektes, sprich, Sie legen hier eine Strategie fest, wie Sie Ihre Transformation für das Transformationsprojekt angehen möchten. Ebenso definieren und legen Sie fest, was an notwendigen Veränderungen für die Bereiche Leadership oder im Bereich Firmenkultur geschehen darf oder muss, um die Transformation zu gewährleisten. Daraus folgt selbstverständlich, dass der Fachbereich HR – Personalbereich mit einzubinden ist. Was ist Ihr Ziel innerhalb der Transformation für Ihre Kunden? Die agile und digitale Transformation legt den Fokus auf „Kundenorientierung", welchen Nutzen möchten Sie hierbei für Ihre Kunden erzeugen? Nicht außer Acht zu lassen ist das entsprechende „Umfeld", Ihre interne Transformation wird ebenso Auswirkungen auf Ihre Geschäftspartner, auf Ihr Umfeld haben. Hier muss geprüft werden, in welchem Umfang dies der Fall sein wird. Einige Unternehmen nutzen die Transformation, um für sich und ihr Umfeld „Standards" festzulegen, die dann einzuhalten sind. Welche Standards, Richtlinien könnten für Sie, Ihr Unternehmen infrage kommen? Standards, Governance, sollte nie als kleinlich reguliertes Übel verstanden werden. Im Gegenteil, gewisse Standards, Rules sind für einen Erfolg und einen Qualitätsstandard unumgänglich. Auch im Sinne der Effektivität und Effizienz.

Hierzu möchte ich gerne ein Beispiel aufführen. Im Zuge der Transformation setzen Sie auf eine Optimierung des ERP-Systems (Enterprise Resource Planning System) und möchten hier mit Ihren Lieferanten eine vereinfachte Zusammenarbeit ermöglichen. Dies bedeutet, Sie möchten, dass Ihre Bestellungen über das ERP-System an Ihren Lieferanten übermittelt werden und dieser wiederum die Lieferung und die Rechnung an Sie retourniert und entsprechend „meldet". Dies kann ausschließlich mit entsprechenden Standards geschehen und z. B. per EDI-Schnittstelle (Electronic Data Interchange) abgewickelt werden. Durch diese Zunahme an Vernetzung und Verzahnung der Systemlandschaften und Prozesse ergeben sich wiederum im HR-Bereich (Human Resources – Human Capital) die Anforderungen nach dem Aus- und Aufbau von „Technology- & Solution-Skills" (siehe Abb. 2.3).

Experten-Tipps

- Beachten Sie somit bei der Erstellung eines Transformation Canvas, was der Wandel tatsächlich alles an Herausforderungen, Risiken, Bedarfen in Ihrem Unternehmen fordert und berücksichtigen Sie diesen „Need".
- Beachten Sie Ziele, Chancen, aber natürlich auch entsprechende Risiken und setzen Sie sie um!

2.4   Ohne Ziel kein Erfolg!

Legen Sie Ihr Ziel, Ihre Ziele mit den entsprechenden Ergebnissen fest und prüfen Sie den Status innerhalb der Transformation.

Am besten legen Sie sich eine Check-Liste zu, mit entsprechenden Fragen, die Sie immer wieder als Projekt-Status-Check abrufen können.

Fragen – Ziel/Ergebnis-Check

- Befinden wir uns noch auf Kurs, auf der richtigen Route?
- Wie sieht die Timeline aus?
- Schaffen wir das Ziel/Ergebnis unter den aktuellen Bedingungen? `
- Was bremst uns optional?

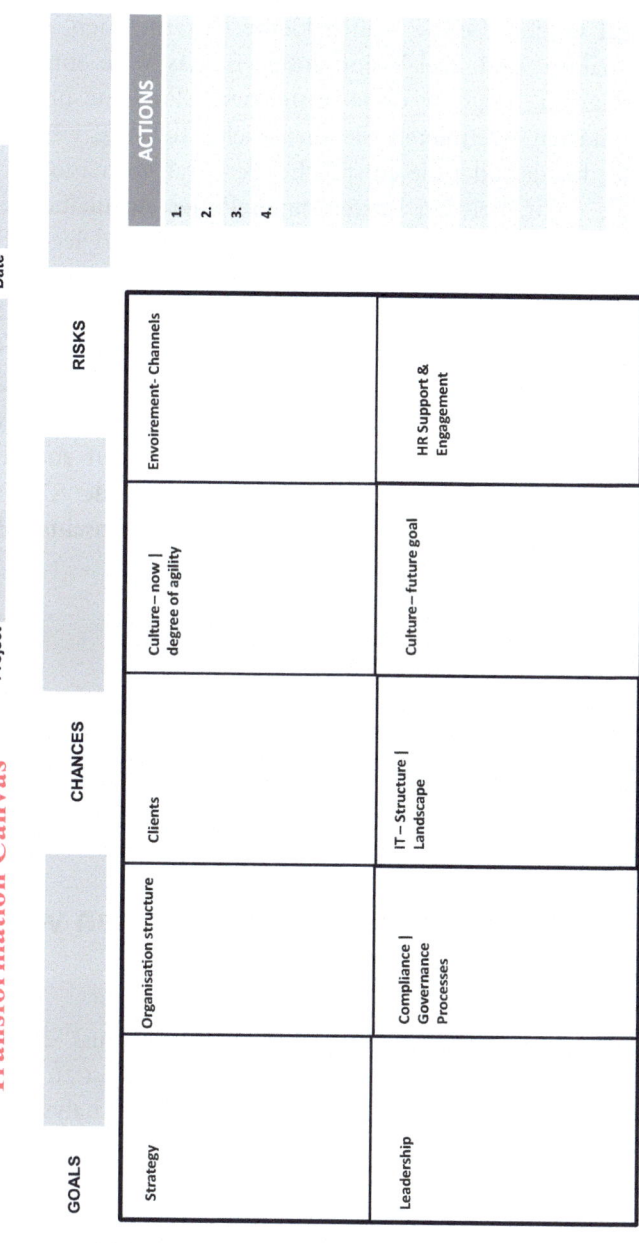

Abb. 2.3 Transformation Canvas. (© Sylvia Kern 2023. All Rights Reserved)

Ohne Ziele, Timeline, Projekt-Setup kein Erfolg! Kein Unternehmen, egal welcher Größe – auch kleine Unternehmen, sollte ohne Bestandsaufnahme und Ziel-Vision loslegen, das wäre sonst wie bei einer mehrtägigen Bergtour ohne ausreichend Proviant und Kartenmaterial zu starten. Definieren Sie Ihre Ziele, Teilziele, wen und was benötigen Sie für das oder die entsprechenden Transformationsprojekte. Vergessen Sie nicht, bei den Kosten einen Puffer einzubauen, denken Sie daran, die Stakeholder „glücklich" zu machen und legen Sie viel Wert auf eine offene und transparente Kommunikation! Das Gleiche gilt für IT-Projekte „in oder out of Scope", besonders wenn Sie auf externe Partner angewiesen sind. Hier ist genau festzuhalten, was an „deliverables" erwartet wird. Denken Sie ebenso daran, dass auch externe Partner „Teams", Ressourcen zur Verfügung stellen bzw. vorhalten müssen. Insbesondere die „guten Leute" werden zum Project-Catchen versandt und für die Umsetzung wird ein „anderes" Team zur Verfügung gestellt. Am besten sichern Sie sich die gewünschten Projektleute schriftlich im Vertrag zu (siehe Abb. 2.4).

Experten-Tipp

Wenn Sie externe Dienstleister engagieren, prüfen Sie die Projektbeteiligten und lassen Sie sich diese Personen mit den entsprechenden Qualifikationen für IHR Projekt zusichern! Projekte werden zum Erfolg mit den „richtigen Personen".

2.5   Analyse – Statusfrage | Wo stehen wir und wo wollen wir hin?!

Für eine bestimmte Ergebnis- und Zielerreichung muss der aktuelle Stand, der Status geklärt und fixiert werden. Wichtig ist zu erwähnen, dass hier kein monatelanger bzw. jahrelanger Analyse-Aufwand betrieben werden sollte, denn der Weg zu einer modernen Transformation beinhaltet ebenso eine agile und flexible Herangehensweise.

Project & Business Goals Canvas   Project▓▓▓▓▓▓▓▓▓▓▓▓   Date▓▓▓▓

VISION & GOAL	Benefit	Scope / Project Object	Cost
	• XXXXXXXXXXX	• XXXXXXXXXXX	• XXXXXXXXXXX
SETUP	Team	Ressources	Stakeholder
	• XXXXXXXXXXX	• XXXXXXXXXXX	• XXXXXXXXXXX
Process	Process & Tools	Communication & Transparency	Risk & Quality
	• XXXXXXXXXXX	• XXXXXXXXXXX	• XXXXXXXXXXX
Roadmap & Timeline			

Abb. 2.4 Project & Business Goals Canvas ©Sylvia Kern 2023. (In Anlehnung an Kelvin Alves Pinheiro, OpenPM-Canvas-2015, https://www.researchgate.net/figure/Figura-2-OpenPM-Canvas-2015_fig2_315010065, CC BY 3.0)

Dennoch – ohne Struktur und einem gewissen Maß an Analyse läuft es auch in der agilen Welt nicht, im Gegenteil, hier sind ein Framework und Guidelines ein hoher Garant für OUTCOME.

Also bestimmen Sie Ihre aktuelle Situation, am besten erstellen Sie hierfür ebenso eine Checkliste sowie beispielsweise ein Analyse-Canvas, die Sie ebenfalls immer wieder erneut evaluieren können – je nach Projekt- und Prozessfortschritt.

Fragen – Checkliste

• Welche Geschäftsmodelle haben wir?
• Welche Prozesse haben wir?
• An welchen Stellen in den jeweiligen Business-Units/Fachbereichen haben wir Gaps? Fit-/Gap-Analyse
• Wo erhalten wir Rückmeldungen von Mitarbeitern, dass Optimierungs-Potenzial besteht?

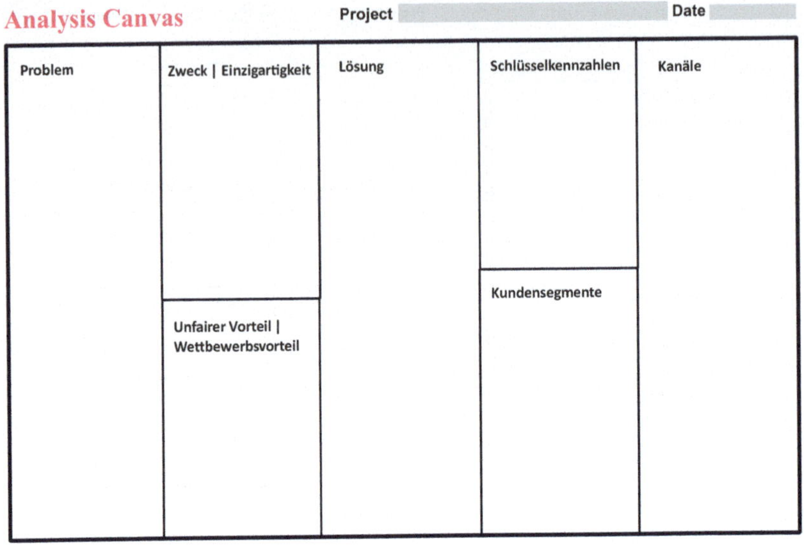

Analysis Canvas   Project ▭▭▭▭▭▭   Date ▭▭▭▭

Problem	Zweck | Einzigartigkeit	Lösung	Schlüsselkennzahlen	Kanäle
	Unfairer Vorteil | Wettbewerbsvorteil		Kundensegmente	

Abb. 2.5 Analysis Canvas. (© Sylvia Kern 2023. All Rights Reserved)

Und viele weitere Fragen können hier für Ihr Unternehmen in Betracht kommen. Siehe auch bereits definierte Fragen in Abschn. 2.2 (siehe Abb. 2.5).

Ein Analyse-Canvas eignet sich ausgezeichnet zur Strukturierung von Ideen, um diese im Anschluss eines Brainstormings zu erfassen, zu strukturieren und zu organisieren. Sinnvoll ist es generell, die erfassten Ideen und Informationen mit den Beteiligten, wie Mitarbeitern, Partnern, Stakeholdern u. v. m. zu teilen – mehrere Sichtweisen generieren mehr Lösungsansätze und beleuchten auch blinde Flecke, für die wir oft selbst kein Auge haben.

Ein Beispiel aus dem Bereich „Support", wie Sie das Analyse-Canvas anwenden können

- Problem:
  – Supportanfragen gehen unter oder gar verloren
- Lösung:

- alle Supportanfragen werden an einem Ort platziert und mit einem Status erfasst
- Zweck – einzigartiger Zweck:
  - Helpdesk-Software einsetzen anstatt E-Mails, ist einfacher zu händeln und stellt die Beteiligten dadurch schnell zufrieden
- unfairer Vorteil | Wettbewerbsvorteil z. B.:
  - Helpdesk-Software erhält dadurch eine Autorität, optional weniger flexibel
- Kundensegmente:
  - Helpdesk-Software unterstützt Kunden unverzüglich mit einer Hilfe, Lösung
- Schlüsselkennzahlen:
  - auf notwendige Felder beschränken, extra Felder, zu viele Optionen vermeiden
- Kanäle:
  - Kunden-Service-Blog bzw. Ticket-Newsletter erzeugen

2.6   Erfolgreiche Transformation – Erfolgskomponenten

Eine erfolgreiche agile und digitale Transformation besteht aus folgenden Komponenten (siehe Abb. 2.6).

a) **Digitalisierung der Geschäftsmodelle und Prozesse**

Mehr Effizienz und Effektivität mittels Digitalisierung und Automatisierung der Geschäftsmodelle und Abläufe. Dadurch werden Fehler vermieden, dies wiederum schafft neue und freie Kapazitäten bzw. Ressourcen.

Digitalisierung der Prozesse und Abläufe mittels ERP- & CRM-Systemen, Ticket-Tools, Projektmanagement-Tools, Collaboration-Tools, Informationsplattformen, Ideenplattformen u. v. m. Eine Automatisierung und Digitalisierung von Kundeninteraktionen ebenso, die nicht bereits über ein ERP-/CRM-System abgewickelt werden. Dies

Erfolgs-Komponenten

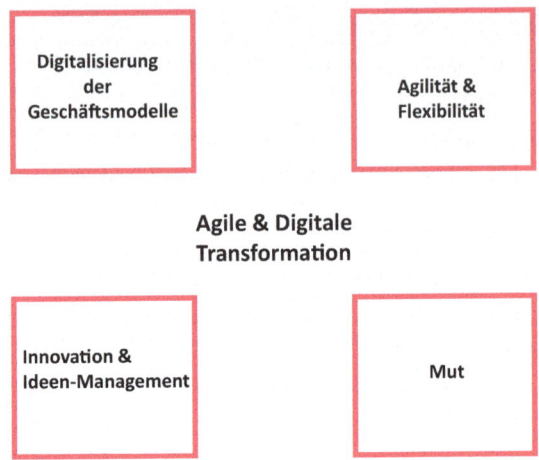

Abb. 2.6 Erfolgskomponenten. (© Sylvia Kern 2023. All Rights Reserved)

gilt gleichlautend für Lieferanten und weitere Kooperationspartner mittels z. B. EDI-Schnittstellen und weiteren Automatisierungs- und Digitalisierungsmöglichkeiten.

b) Innovation – Ideenmanagement

Innovationen sind künftig mehr denn je gefragt. Ein immer mehr von dem bisherigen, sprich: schneller, höher, weiter funktioniert nicht mehr. Ebenso verändert sich die gesellschaftliche Anforderung, gleichlautend in der Businesswelt, wie künftig zusammen interagiert werden soll, immer mehr. Um diesem Umstand sowie dem Wettbewerb und einem Wachstum standhalten zu können und auf Weiterentwicklung zu setzen, gibt es nur eine Antwort, die heißt: Innovation & Ideen-Management. Innovation, die auch disruptiv, radikal sein darf, nein, sogar sein muss. Innovative digitale Geschäftsmodelle, Produkte und Services – die nur durch digitale Technologien und Plattformen möglich sind.

Diese Innovationen, digitale Technologien und Plattformen sind in die bisherigen Strukturen und Organisationen einzubinden. Das rüttelt an den bisherigen Unternehmens-Mindset-Mauern, macht den Weg für eine agile Organisation frei. Wer diesen Weg künftig nicht beschreitet, wird kein ernstzunehmender Key-Player mehr sein – jeder hat die Wahl!

> Keine Landesgrenze hält uns auf, was uns aufhält, ist ein nicht mehr zeitgemäßes Mindset!

c) Agile Organisationsentwicklung

Das Mindset, die Organisation und dessen Kultur entscheiden, wie viel wirkliche Agilität und Flexibilität in einem Unternehmen möglich sind. Im Umkehrschluss bedeutet dies ebenso, dass es ohne agile Organisationsentwicklung keine Innovation & Digitalisierung auf neuem Niveau gibt, wo es Wettbewerbsvorteilen und Zukunftschancen und dem weiteren Bestehen der Organisation dient.

Die bisherige Ausrichtung der Unternehmen war unter dem Aspekt der Vorhersehbarkeit ausgelegt und die Umsetzung entsprach der „Wasserfall-Methode". Ein Tanker mit einem zu viel an Bürokratie, Struktur, administrativen Abläufen und Silo-Denken.

Die agile & digitale Transformation und die Zukunfts-Unternehmen benötigen Agilität und Flexibilität, um ihre Geschäftsmodelle, ihre Prozesse an die neuen Marktanforderungen und neuen Chancen schnell anzupassen und auszurichten.

Agiles Arbeiten ist ein künftiges MUSS, um weiterhin am Markt bestehen zu können. Agiles Arbeiten verändert die Art der Zusammenarbeit mittels entsprechender Methoden, die Führung in der agilen Welt heißt, auf **Augenhöhe** führen und der Kunde rückt in den Fokus.

Cross-funktionales, selbstorganisiertes Arbeiten in kurzen Sprints, iteratives Arbeiten in Verbindung mit der wichtigen Funktion der Retrospektive. Vor allem die sogenannte „Fehlerkultur" darf endlich Einzug halten und als „Weiterentwicklungstool" verstanden werden.

Was wir mehr denn je brauchen, um dieses Agilitäts-Delta zu bewältigen, sind Agile-People, vielseitig begabte Personen, die sich durch ihr Skill-Set schnell an neue, veränderte Situationen anpassen können. Hier wurde bisher das Augenmerk zu sehr auf den Spezialisten auf einem Fachgebiet gelenkt. Die Zukunft heißt „Comp-Shape", Spezialistentum auf mehreren Standbeinen. Comp-Shape bedeutet „Kamm-Modell", dieses Modell veranschaulicht, dass Mitarbeiter, Personen in mehr als zwei Bereichen über Spezialisten-Know-how verfügen. Sie weisen ein breites Spektrum an Generalisten-Kompetenz auf und zusätzlich mehrere Spezialisten-DeepDive-Stränge. Diese Mitarbeiter gilt es in die agile & digitale Transformation als Role-Model zu integrieren, intern und extern zu finden und einzubinden. Hier verweise ich gerne auf mein Buch „Future Skill Vielseitigkeit" – Springer Gabler Verlag (siehe Abb. 2.7).

d) Mut

Mit Mut fängt die Zukunft an! Neues auszuprobieren, einfach mal machen, nicht in der Perfektion stecken zu bleiben, ausgetretene Pfade zu verlassen, dafür benötigen wir den Mut, ein gewisses Risiko einzugehen. Künftig benötigen wir die Mut-Kompetenz und die Fähigkeit mehr denn je, um mit Ungewissheit und Unvorhersehbarkeit umgehen zu können. Wir müssen Sicherheit in der Unsicherheit lernen.

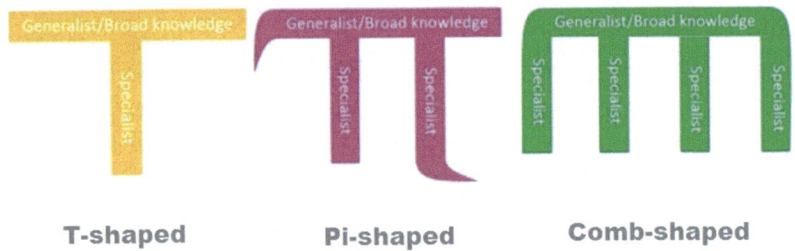

Abb. 2.7 Shape-Modelle. (© Sylvia Kern 2023. All Rights Reserved. (Sylvia Kern (2022), Future Skill Vielseitigkeit, Springer Gabler Verlag))

2.7 Future Landscape & Co. auf dem Prüfstand

Bevor Sie sich morgen für ein neues CRM, ERP-System oder Ticket-Tool entscheiden, sollten Sie sich vorab einen Überblick über Ihre Systeme und Prozesse verschaffen.

Egal wie groß oder klein Ihre Organisation ist, ein gewisses Maß an Dokumentation ist notwendig: im Hinblick auf die wachsende Komplexität der Systeme und Prozesse und deren Verzahnung, ebenso in Bezug auf Mitarbeiterwechsel, da ansonsten Wissen verloren geht – Wissen ist bekanntlich Macht.

Ein weiterer Vorteil der Visualisierung ist es, schnell Änderungen vornehmen zu können und deren Auswirkungen ebenso zu verdeutlichen.

Dies gilt sowohl für die Systeme als auch für die Prozesse. Werden Prozesse immer weiter digitalisiert, ist in der Regel nicht nur EIN Fachbereich betroffen. Der End2End-Gedanke wird häufig leider nicht berücksichtigt und fällt dann spätestens bei Implementierung und Testing eines Systems auf.

Also betreiben Sie ein gesundes Maß an „Analyse – Dokumentation – Qualitätsmanagement, Testing und Go-Live-Betreuung", der Aufwand wird sich mit absoluter Sicherheit als Return on Invest bemerkbar machen!

Fragen – Checkliste
- Wie sieht unsere Future Landscape aus?
- Wie ist unsere aktuelle IT-Struktur – Ist-IT-Landscape?
- Wie sehen unsere aktuellen IST-Prozesse aus – Ist-Prozess-Landscape?

Experten-Tipp

Verwenden Sie zum Visualisieren der Landscapes Systeme & Tools, insbesondere wenn es sich um komplexere Systemlandschaften handelt.

Visualisierung der IT-Landschaft, mit all ihren Systemen, Tools, Prozessen ist vor jedem Projekt-Start, egal welchen Ausmaßes,

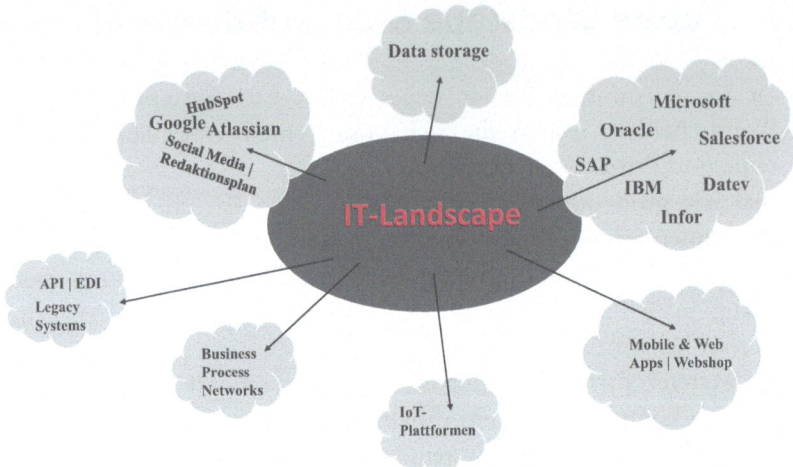

Abb. 2.8 IT-Landscape. (© Sylvia Kern 2023. All Rights Reserved)

unumgänglich (siehe Abb. 2.8). Sicherlich wird es einige Zeit in Anspruch nehmen, mit jeder Fachabteilung deren optionale „Eigenkreationen und Eigenkäufe" an Systemen, Tools und vieles mehr ausfindig zu machen, aber dieser Aufwand lohnt sich. Vieles kann abgelöst werden oder z. B. in ein neues oder bestehendes ERP-System integriert werden. Oft ist es die „Bequemlichkeit" mit dem Argument „das haben wir schon immer so gemacht", die Veränderungen und Aufräum- und Verschlankungsprozessen im Wege steht. Dies sollte Sie jedoch nicht hindern, die Lupe und den Rot-Stift zu zücken. Prüfen Sie ebenfalls bereits bestehende Systeme, wie z. B. ein ERP-System und deren optionale „Neuerungen". Auch hier sind die Unternehmen gefordert, immer mehr Add-Ons und Add-Ins zur Verfügung zu stellen. Z. B. Social Media: Ein gutes CRM-System, das sich bereits im ERP-System befindet, stellt Ihnen die Verlinkung mit den Social-Media-Plattformen wie LinkedIn bereits zur Verfügung. Auch für die Unternehmen und die CEOs von heute und morgen wird Social Media immer wichtiger, will heißen, die Postings vom CEO sollten ebenso über eine professionelle Redaktionsplanung mittels System erfolgen.

Experten-Tipp

Innerhalb Ihrer Unternehmens-Vision prüfen Sie ebenso, wo Sie technisch und mit welchen Systemen Sie künftig agieren wollen und müssen. Wo geht bei Ihnen die Reise hin? In dem Beispiel mit einer integrierten Redaktionsplanung und der entsprechenden Interaktionen kann eine Mailing-Liste für Ihre LinkedIn-Fangemeinde generiert werden. Seien Sie kreativ, sei es eine Einladung für ein Online-Event oder ein Live-Event oder ähnliches. Kundengewinnung von morgen beinhaltet mehr Möglichkeiten als bisher.

Eine Prozesslandkarte steht auf der Transformations-Agenda gleichfalls ganz oben. In einer Prozesslandkarte werden alle Prozesse innerhalb eines Unternehmens abgebildet. Wie in der vorherigen grafischen Darstellung ist es immer Ziel, einen holistischen Überblick zu erhalten. Sie erkennen die Zusammenhänge der Prozesse, dadurch erhalten Sie ein entsprechendes Verständnis und die Kommunikation sowohl mit in- als auch externen Bezugspersonen wird vereinfacht. Wie gestalten sich die einzelnen Prozesse innerhalb der Aufbauorganisation? Die Prozesse werden üblicherweise in 3 Arten unterteilt, dies sind die Führungsprozesse, Kernprozesse und Unterstützungsprozesse. Bei den Kernprozessen findet die Wertschöpfung statt, hier findet die Kundenausrichtung statt. Die Unterstützungsprozesse ermöglichen die Wertschöpfung, sprich, sie stellen die entsprechenden Rahmenbedingungen zur Verfügung, wie z. B. die IT oder die Finance-Abteilung. Bei den Führungsprozessen sind die Managementprozesse wie Strategie, Planung, Führung angesiedelt (siehe Abb. 2.9).

Durch die Darstellung schaffen Sie ebenso die Möglichkeit, Unklarheiten aufzudecken und Verbesserungspotenzial zu erkennen. Stellen Sie Ihre Prozesse und Abläufe in Frage und auf den Kopf. Wie ist der Wertefluss, ist dieser durchgängig in Ihrem Unternehmen digitalisiert, wo gibt es „Schwachstellen, Brüche"?

Die Verbindung zwischen IT-Landscape und der Prozesslandkarte erreichen Sie mit der Erstellung von Prozessmodellen, d. h. Sie gehen basierend von der IT-Landscape eine Ebene tiefer und beziehen nun Ihre Systeme, wie z. B. ein ERP-System auf Ihre Prozesse. So erkennen

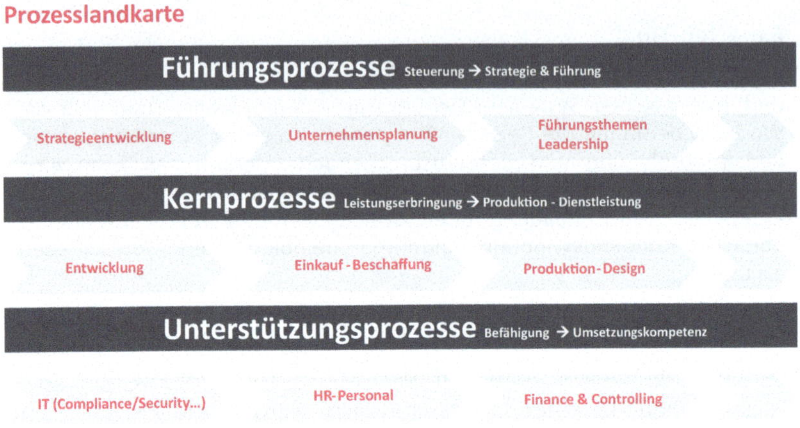

Prozesslandkarte

Abb. 2.9 Prozesslandkarte. (© Sylvia Kern 2023. All Rights Reserved)

Sie, wie sich hier der entsprechende Wertefluss gestaltet. Hinsichtlich der Visualisierung und einer Drill-down Funktion ist hier ebenfalls eine Erfassung über ein entsprechendes System zu empfehlen.

Haben Sie nun die entsprechenden Ist-Zustände aufgenommen und visualisiert, geht es an Ihre Future Landscape. Diese ist abhängig von Ihrer Vision, Mission und Ihren Geschäftsmodellen.

Auf Basis der vorherigen Kapitel und Muster-Canvas entwickeln Sie einen groben Fahrplan und ein Grob-Konzept.

Experten-Tipps

- Future-Plan entwickeln
- Daraus ableitend Meilensteine und Umsetzung planen
- Planen Sie ebenfalls die Personen, Kooperationspartner, Tools und den Mindset-/Organisations-Change mit ein.

Für die Umsetzung und Planung ist eine „Technology Roadmap" ein wichtiges Instrument. Die Technology Roadmap beinhaltet Ihre Technologiestrategie, sie listet die Technologien auf, die in Ihrem Unternehmen geplant werden. Sie zeigen hier die entsprechenden Systeme, Technologien einzeln auf und wann deren Einsatz zur Implementierung geplant ist. Aufgezeichnet wird des Weiteren, warum die Einführung notwendig ist, um hier unnötige Fehler und Kosten zu vermeiden. Wichtig ist es hierbei, auf Abhängigkeiten zu achten. Die Roadmap sollte wie die vorherigen Darstellungen die kurzfristigen und auch die langfristigen Ziele der digitalen Transformation unterstützen. Das Hauptanliegen einer Roadmap ist die Abstimmung der betroffenen Stakeholder sowie Klarheit und Realisierung der gewünschten Ergebnisse (siehe Abb. 2.10).

Notwendige Inhalte der Technology Roadmap sind wie immer Ihr **Ziel,** kurz und langfristige Planung muss berücksichtigt werden. Welche Technologien und Systeme sind für die Aufrechterhaltung der Geschäftsabläufe notwendig und vor allem, wie sehen die Abläufe in der Zukunft aus und welche technologische Unterstützung ist hier wichtig? Also welche **neuen Systeme** müssen Sie optional aufgreifen? Der Ansatz der Skalierbarkeit ist hier gleichermaßen ein wichtiger Faktor. Updates, Upgrades, Releases dürfen in der Planung ebenso nicht fehlen und diese sollten auch allen Beteiligten offen und transparent zur Verfügung gestellt werden.

Ein kleiner Ausflug in meine bisherige Projekt-Welt, in der ich oft aus den Business-Units die Rückmeldungen erhalten habe, dass „unsere ganzen Einstellungen von der IT wieder durch das Update, das nicht kommuniziert wurde, gecrasht wurden". Liebe IT, verstehen Sie sich als Helfer Ihrer Kollegen, kommunizieren Sie und Sie werden auf Händen getragen. Informieren Sie Ihre Kollegen, wann welche Updates, Releases & Co. geplant sind, dann sind Ihre Kollegen happy und Ihre IT ist es auch!

Nun wieder zur Roadmap: Eine gute Roadmap beinhaltet die Timeline und die entsprechenden **Meilensteine,** wann welche Technologieeinführungen geplant und umgesetzt werden. Einer der am häufigsten unterschätzen Punkte sind die **Ressourcen.** Planen Sie Personal, Zeit, Kosten etc. ein und kalkulieren Sie einen Puffer ein. Bei Abhängigkeiten von Systemen, wie z. B. bei der Einführung eines Betriebssystems, muss die Aufrechterhaltung des Daily-Business gewährleistet sein. Die sich daraus ergebenden **Risiken** sind ebenso zu berücksichtigen und einzuplanen, kein Projekt läuft nach Plan. Ein weiterer zentraler Punkt, der bei Implementierungen immer wieder

Abb. 2.10 Technology Roadmap. (© Sylvia Kern 2023. All Rights Reserved)

unterschätzt wird, ist das Thema **Schulung**, Begleitung der Mitarbeiter. Am sinnvollsten ist es hier, ein Schulungskonzept zu entwickeln, das gerne mit z. B. kurzen Videos und Handouts online auf einer internen Plattform den Mitarbeitern zur Verfügung gestellt wird.

Die digitale Transformation besteht aus unterschiedlichen Phasen. Hier sei nochmal kurz angemerkt, dass die Digitalisierung von Prozessen nicht die digitale Transformation einer Organisation darstellt. Prozesse zu digitalisieren ist ein Teil der digitalen Transformation, diese Digitalisierungsvorgänge haben Einfluss auf das Unternehmen und untermauern sozusagen einen notwendigen Kulturwandel. In Abb. 2.11 erhalten Sie einen kleinen Ein- und Überblick über die Phasen, die von Unternehmen und Zielsetzung sowie der Vision abweichen können. Begleitet oder besser gesagt getragen werden die Phasen von dem erwähnten „Kulturwandel", der notwendig ist, um mit den entsprechenden modernen agilen Arbeitsmethoden und dem agilen Mindset die Transformation abzudecken. Sie werden im späteren Abschn. 4.4 nochmal einen tieferen Einblick erhalten.

2.8   Risiko | No Risk, no Fun?!

Eine agile und digitale Transformation, ein Wandel birgt selbstverständlich auch ein gewisses Risiko in sich. Es gilt zu beachten, dass das Core-Business nicht in Gefahr ist, sprich, der Wandel muss beidhändig erfolgen – von einem „alten Betriebssystem auf ein neues Betriebssystem" updaten.

Somit sollten Sie auch in Ihr Transformationsprojekt eine Risikobewertung mit einfließen lassen.

Die Risikoanalyse – relevante Gefahren erkennen & eindämmen

• Welche Risiken müssen wir im Projekt aktiv überwachen und durch konkrete Maßnahmen eindämmen?
• Welchen Risiken ist unser Unternehmen, Bereich, Abteilung etc. in welcher Höhe ausgesetzt?
• Worin bestehen die Ursachen und Auswirkungen für ein spezifisches Risiko?

Digitale Transformation - Phasen

Status | Ist-Analyse (short)	Bedarfs-Analyse (short)	Zieldefinition	Idea - Solution - Design	Bewertung – Umsetzung Review | Iteration
1. Stakeholder • Kunden – Segmente – Bedürfnisse • Wettbewerber – Potenziale etc. • Markt – Größe • Mitarbeiter • Lieferanten • Partner 2. Produkte – Dienstleistungen 3. Vertriebskanäle 4. Geschäftsmodelle 5.	1. Auswahl Zielgruppe 2. Bedarfsanalyse der Zielgruppe ▪ Beispiel: Neues CRM-System „Interview Anforderungen durchführen.....	1. Zielbeschreibung „Was ist das gewünschte Ergebnis?, Welche Veränderungen, Verbesserung ist gewünscht"? 2. Markt-Positionierung 3. Nutzenversprechen – Value Proposition	1. Ideensammlung – Ideenmanagement 2. Umsetzungsmöglichkeiten – Felder definieren – Lösungsmöglichkeiten 3. Digitale Geschäftsmodelle, Formate etc. – Solution – identifizieren und neuen Design-Ideen	1. Ideen – Solution bewerten 2. Ziel- und Umsetzbarkeit 3. Stakeholder versprechen 4. Prototyping 5. Finalisierung 6. Iterative Umsetzung 7. Etc.

Abb. 2.11 Digitale Transformation – Phasen. (© Sylvia Kern 2023. All Rights Reserved)

- das Erkennen potenzieller Risiken für das Projekt,
- die Abschätzung der Eintrittswahrscheinlichkeit und
- die Voraussage möglicher Konsequenzen
- Welche Methoden der Risikoanalyse werden im Projektmanagement verwendet?

Die Projektmanagement-Risikoanalyse basiert hauptsächlich auf zwei Hauptansätzen – dem qualitativen und dem quantitativen Ansatz. Beide Vorgehensweisen finden Anwendung und jede Methode hat ihre Berechtigung und ihre Vor-/Nachteile.

Qualitative Risikoanalysemethoden
Die qualitative Risikoanalyse basiert auf der Eintrittswahrscheinlichkeit und den Auswirkungen eines Ereignisses. Dabei werden die Kosten, der Zeitplan und die Qualität des Endergebnisses berücksichtigt.
Die qualitative Vorgehensweise ist einfach und kosteneffizient, die Konzentration basiert auf den Risiken höchster Priorität.

Beispiele für qualitative Risikoanalysemethoden

- **Delphi-Technik – Risiko-Brainstorming**
  Die Delphi-Methode ist eine Risiko-Bewertungsmethode basierend auf einem Fragebogen, bezogen auf die Thematik. Dieser Fragebogen enthält alle zu beantwortenden Fragen der zu lösenden Aufgabe. Der Fragebogen wird Personen (Experten) zur Bearbeitung zur Verfügung gestellt, im Nachgang wird dieser ausgewertet und zusammengefasst. Das Resultat wird den Experten nochmals vorgestellt, um dann einen Konsens zu finden. Die Vorgehensweise findet somit iterativ statt und es wird ein Meinungsbild erzeugt, es werden unterschiedliche Sichtweisen zur Risikobewertung herangezogen. Sicherlich muss diese Vorgehensweise für ein Transformationsprojekt nicht 1 zu 1 stattfinden. Grundsätzlich geht es darum, Möglichkeiten zu erkennen, auszuschöpfen und auf die jeweiligen Anforderungen und Bedürfnisse zu adaptieren.

- **SWIFT-Analyse – Structured What-If Technique** – das Team wird eingebunden, Ansatz „Was wäre, wenn"-Szenario
Anhand der SWIFT-Methode werden mögliche Risiken identifiziert und in Bezug auf die sich möglicherweise ergebenden Änderungen des Projektplans bewertet. Diese Methode findet in der Regel Anwendung für „übliche" Risiken, indem Sie den Ansatz mittels der Fragetechnik „Was-wäre-wenn" innerhalb eines Teams umsetzen. Die Qualität der Methode und Fragen ist abhängig von den Erfahrungen im jeweiligen Team. Auch hier gilt wieder der Ansatz, aus der Vielfalt an Möglichkeiten eine entsprechende Variante oder einen Teil davon auf die jeweiligen Bedürfnisse anzuwenden.

Quantitative Risikoanalysemethoden
Die quantitativen Methoden zur Risikoanalyse werden üblicherweise herangezogen, wenn aus der qualitativen Risikoanalyse das Ergebnis als bedeutend eingestuft wird. Die Gliederung findet numerisch statt.

Beispiele für quantitative Risikoanalysemethoden

- **Monte-Carlo-Simulation** – Ist eine Wahrscheinlichkeitstheorie, die Bewertung findet auf Basis der Anzahl von gleichartigen Zufallsexperimenten statt.
Die Monte-Carlo-Methode ist eine mathematische Technik mit Zufallsvariablen. Sie verwenden diese Technik, um Unsicherheiten zu bestimmen und das Risiko eines Systems zu modellieren. Sie verwenden zufällige Eingaben und Variablen und simulieren somit ein Ergebnis, sprich eine Wahrscheinlichkeitsberechnung. Durch Veränderung der Eingaben, Variablen erhalten Sie unterschiedliche Ergebnisse und können diese wiederum in Bezug setzen. Anwendungsbereiche sind z. B. Künstliche Intelligenz, Projektmanagement, Umsatzprognosen u. v. m.
- **Entscheidungsbaumanalyse – grafische Darstellung der Entscheidungsmöglichkeiten**
Die Entscheidungsbaumanalyse ist eine grafische Darstellung ausgehend von der Ist-Situation. Sie zeigt optionale Handlungsalternativen, Entscheidungswege, Verzweigungen auf. Ebenso werden

mögliche Folgen, Auswirkungen, Konsequenzen abgebildet. Mit der Entscheidungsbaumanalyse erhalten Sie einen guten Überblick über die möglichen eintretenden Risiken, ähnlich dem Worst- und Best-Case-Szenario.

Ein gewisses Risiko bleibt immer, deshalb heißt es auch in der agilen Welt ausprobieren, schnelle **Rückmeldungen und Erkenntnisse in den Entwicklungsprozess** einfließen lassen!

2.9   Altes loslassen | Raum für Neues schaffen

Neues kann erst wachsen, wenn Altes losgelassen wurde. Sie sollten dem Versuch widerstehen, nur reine Anpassungen und Verbesserungen anzustreben. Denken Sie groß – was ist Ihr Ziel, wo wollen Sie mit Ihrem Unternehmen stehen?

Sicherlich muss nicht alles neu generiert werden, aber manchmal benötigt es den disruptiven Ansatz und nicht das Flickwerkzeug.

Außerdem hat auch so manche „Entrümpelungsaktion" etwas Befreiendes, wie ein Frühjahrsputz, nach dem im Anschluss alles im neuen Glanz erstrahlt.

Die Transformationsreise ist wie die persönliche Transformation ein „Stirb- und Werde-Prozess", wie Goethe bereits erwähnte. Wer sich weiterentwickelt, lässt Altes los, auch manches Gute muss weichen. Der Wandel bringt so manche tiefsitzenden Glaubenssätze, blinde Flecken aus den tiefsten Tiefen eines Unternehmens hervor, diese wollen angesehen und transformiert werden. Jede einzelne Person in einer Organisation wird mehr oder weniger betroffen sein, denn mehr Selbstverantwortung und Augenhöhe war bisher nicht die Standard-Arbeits- und Handlungsweise. Aber wenn wir die Transformationsschmerzen annehmen und nicht wegschieben, nicht negieren, nicht verdrängen, auch wenn diese unangenehm sind, dann ist ein Wandel hin zu etwas Positivem möglich.

Was für den Prozess des Wandels hilfreich ist, ist zu erkennen, dass es diese „Schmerzen" gibt und dass jede Person im Unternehmen damit anders umgehen wird, denn jeder Mensch befindet sich auf einer anderen Stufe, Bewusstseins-/Entwicklungsstufe. Wie im Change sind die CEOs schon durch das Tal der Tränen sozusagen hindurch marschiert und erkunden schon wieder neues Land, wohingegen sich viele Mitarbeiter noch in diesem tiefen Tal der Tränen befinden. Verständnis und Empathie sind hilfreiche Skills im Wandel.

Auch die Möglichkeit, über diese Hürden und Gefühle offen sprechen zu können, unterstützt diesen Prozess sehr.

Weitere Ansätze finden wir auch in der Literatur z. B. von Frederic Laloux, der als Partner für McKinsey tätig war. In seinem Buch „Reinventing Organizations" (2015), welches ein Basiswerk für selbstorganisiertes Arbeiten darstellt, wird der ganzheitliche Ansatz innerhalb einer komplexen Welt und dessen Notwendigkeit vermittelt.

Die Transformation innerhalb der Unternehmen und der Menschen zieht somit den gesellschaftlichen Wandel mit sich bzw. bedingt diesen.

Lassen Sie sich jedoch weder vom Stirb-und-Werde-Prozess, vom Loslassen, vom Entrümpeln noch Ähnlichem entmutigen oder gar aufhalten, denn den Mutigen gehört die Zukunft!

2.10 Trendscout | Neues schaffen durch Neugierde & Offenheit

Wenn Altes ausgemistet und verabschiedet wurde, ist Raum für Neues geschaffen. Das TMO und die Teammitglieder, insbesondere das TMO-Core-Team, sollte sich auch als „Trendscout" verstehen. Offen und neugierig sein, neue Wege und Inspirationen, Ideen suchen und die vermeintlich unterschiedlichen Bereiche gekonnt miteinander verknüpfen. Wie in meinem Vorwort erwähnt: Creativity is just connecting things!

Lösungen werden von vielseitigen Perspektiven, Sichtweisen gewonnen, Innovationen bedingen Vielfalt, also seien Sie auch in diesem Bereich offen und mutig!

Experten-Tipp – Neugierde wecken
- Wissen vertiefen
- Selbstreflexion üben

- Keine Angst vor dem Scheitern – üben – üben – üben
- Fehlerkultur fürs Scheitern zulassen
- Experimentierräume schaffen – Neues ausprobieren dürfen
- Forscher und Entdecker sein
- Der Perspektivenwechsel – Setzen Sie doch mal eine andere Brille auf!

2.11 Umsetzung = Erfolg | Fail Fast, Fail Forward

Wie in vorangegangen Kapiteln immer wieder erläutert, gibt es ein Motto in der agilen Welt und beim agilen Arbeiten – schnell, iterativ voranschreiten und schnell Fehler, Feedback, Rückmeldung erzeugen, um „unnötige" Fehler, Kosten, Irrwege zu vermeiden.

Das gelingt nur, wenn wir lernen, die Perfektion abzulegen und das Wasserfall-Denken beiseitelegen. Die agile Welt ist unvorhersehbar, hier benötigen wir in kurzen Sprints schnellen Outcome, denn die Welt kann morgen schon wieder ganz anders aussehen.

Auf diese Andersartigkeit und die entsprechenden Veränderungen müssen wir schnell reagieren und das Bestehende kompromisslos verwerfen oder verändern können.

Wie oft hält man an Themen, Gedanken, Projekten u. v. m. fest, obwohl man selbst am besten weiß, dass das Projekt, das Thema oder was auch immer nicht zum Erfolg führen wird.

Das vermeintliche Scheitern, schnelle Fehler, Feedback zu erhalten, ist in der agilen Welt eine Kompetenz und ein Erfolgsfaktor. Deshalb wird in dieser Welt beispielsweise auf einen Prototyp gesetzt, der bei weitem noch nicht dem Endprodukt entspricht. Er wird jedoch sehr schnell der „Zielgruppe" oder Stakeholdern vorgestellt, um somit eine Rückmeldung zu erhalten, die wiederum in den Entwicklungs- bzw. Entstehungsprozess einfließen kann. In der IT-/System-Welt kam hier immer der nette Spruch „Bananen-Software", die Software „reift" beim Kunden.

Die Personen und Unternehmen, die dies verstehen und verstanden haben, sind in der Key-Player-Community angekommen!

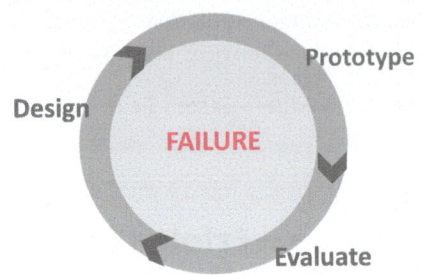

Abb. 2.12   Fail Fast. (© Sylvia Kern 2023. All Rights Reserved)

Den „Fail Fast, Fail Forward"-Ansatz finden Sie auch in der grafischen Darstellung. Als Beispiel möchte ich hier auf eine Greenfield-ERP-Implementierung verweisen. Ihr Systempartner erstellt mit einem Minimum-Anteil von notwendigem Daten (Masterdata) eine Muster-Company, dieser Ansatz entspricht dem „Prototypen" (MVP = Minimum Viable Product), der bereits alles notwendige an Daten enthält, um bestimmte Unternehmensprozesse abzuwickeln. Im Anschluss werden genau diese Unternehmensprozesse in dieser Prototypen-Umgebung „getestet" und die Teilergebnisse werden festgehalten, bewertet und bei Bedarf angepasst, das notwendige „Design" wird erstellt. Eine weitere Iterations-Schleife folgt und die Unternehmensprozesse werden ausgeweitet, Schritt für Schritt, um final alle definierten Prozesse im System abgebildet zu haben (siehe Abb. 2.12).

2.12 Skalierung | Im Auge behalten!

Die Skalierung im Business ist bei jedem Unternehmen auf der Wunschliste. Skalierung durch Mitarbeiter, Automatisierung, Optimierung und Digitalisierung.

Aus diesem Grunde sind die erwähnte Vision und Zielsetzung so wichtig, um eine Skalierung im Business zu erreichen. Nur wer das Ziel kennt, kann hier Wachstumsmöglichkeiten generieren.

Bauen Sie Ihr Business auf „Skalierbarkeit" auf. Im IT-Bereich skalieren Sie durch – Scale in – das Schaffen von Ressourcen – oder Scale out – das Hinzufügen von Instanzen. Eine Datenbank kann auf die Menge der Anfragen skaliert werden und somit effektiver und schneller agieren – um hier nur ein Beispiel zu nennen.

Eine weitere Skalierung im Unternehmen ist beispielsweise die agile Skalierung. Das agile Arbeiten von einzelnen Teams aus dem Leuchtturmprojekt wird z. B. im Anschluss auf die gesamte Organisation übertragen, skaliert. Modifizierungen finden dann anhand des Change-Models der lernenden Organisation statt – hierzu im Verlauf des Buches mehr.

2.13 Go for it | TMO – die Entscheidung

Startklar für das TMO und die agile & digitale Transformation, die Reise kann beginnen oder besser gesagt: die Expedition.

Die TMO-Notwendigkeit, Sinn & Zweck des Transformation-Management-Office sind geklärt, der CTO ist gesetzt. Das Warum, die Mission & Vision sowie das Ziel wurden auf Managementebene ebenfalls geklärt. Ich möchte hier noch einmal auf die Wichtigkeit hinweisen, dass die Transformation ein Prozess, eine kontinuierliche Weiterentwicklung darstellt, dies kann nicht oft genug erwähnt werden. Um nun die Transformation und deren Notwendigkeit im Unternehmen umzusetzen und voranzutreiben, benötigt es natürlich das Commitment der Mitarbeiter. Ein Engagement wird am besten erreicht, indem wir das „Warum" erklären, warum eine Veränderung notwendig ist und dass der Prozess nur gemeinsam zu schaffen ist. Motivieren, involvieren und transparente Kommunikation, mit Begeisterung vermitteln, das ist ein guter TMO-Start. Wie das am besten gelingt?

Experten-Impuls

Machen Sie ein Town-Hall-Meeting (THM): Ein THM ist eine Art Rathaussitzung, wo das Thema im Mittelpunkt steht und das Management Fragen von Mitarbeitern beantwortet.

Experten-Empfehlung – Inhalte

- Gemeinsames Verständnis schaffen für die Dringlichkeit und den Sinn des Wandels und die entsprechende Vision mit Begeisterung vermitteln!
- Heben Sie nochmals die groben Ziele hervor.
- Timelines & Pläne transparent kommunizieren
- Teilen Sie mit, wer in der Umsetzung mit dabei ist und dass dies ein „All-in-Projekt" ist – alle sind ein Teil vom Wandel!
- Kommunizieren Sie offen, dass es auch Hürden geben wird und Sie die Unterstützung von allen benötigen! Und dass Sie ebenso bereit sind, es als Ihre Aufgabe zu sehen, den Wandel proaktiv durch das TMO als Change-/Transformationsbegleiter sicherzustellen und Support zu leisten.
- Kommunizieren Sie die ersten groben Steps und Aufgaben des TMOs.

Legen Sie los und starten Sie mit dem TMO-Team-Aufbau!

3

TMO-Team | Erfolgsteam

Zusammenfassung Das Transformation-Management-Office benötigt DIE Key-Player für den Change im Unternehmen. Der Wandel ist ein Menschen-Projekt und Menschen sind dann erfolgreich, wenn sie „erkannt" und „wertgeschätzt" werden. Das TMO-Team muss somit aus Erfolgsmagneten von Personen bestehen, die fachlich und menschlich überzeugen und begeistern. Nur mal angenommen, Sie hätten „Richard Branson" in Ihrem Team, da „fliegt" Ihr Team zum Erfolg – im wahrsten Sinne des Wortes. Sie erhalten in diesem Kapitel Insides, wie elementar es ist, die jeweiligen Rollen und Aufgaben zu kennen, wie exzellente Kommunikation ein weiteres Support-Tool ist. Die Soft-Skills werden in Zukunft immer wichtiger, trotz Digitalisierung wird das Menschliche vorrangig/bedeutsam bleiben und eine gute, transparente Kommunikation ist hierfür unabdingbar. Konflikte, verschiedene Interessen, Hürden & Co., alles will und muss auch gelungen gelöst werden.

Anhand der vorherigen Inhalte konnten Sie erkennen, dass die Transformation kein Nebenbei-Job ist. Systeme, Prozesse, Future Landscape, agile Arbeitsweisen und einen Wertewandel zu etablieren, dazu

© Der/die Autor(en), exklusiv lizenziert an Springer-Verlag GmbH, DE, ein Teil von
Springer Nature 2023
S. Kern, *Das Transformation-Management-Office – Die Basis*,
https://doi.org/10.1007/978-3-662-68082-7_3

benötigen Sie das TMO-Team – Ihr Erfolgsteam. Ein starkes Team, das aus qualifizierten, glaubwürdigen und einflussreichen Leadern und Fach- und Führungskräften besteht. Diese Führungskräfte sind ebenso der vollen Überzeugung, dass die agile und digitale Transformation unvermeidbar ist und einen hohen Nutzen für das Unternehmen oder die Organisation mit sich bringt. Nur wer selbst von etwas überzeugt ist, kann andere motivieren und inspirieren.

Für die Zusammensetzung eines Teams – unter anderem eines Erfolgsteams für das TMO – ist ein „Team Canvas" ein ausgezeichnetes Tool. Es unterstützt Sie und verkürzt die Zeit für die Team-Aufstellung dank Transparenz. Unterschiedliche Personen, neue Leute zusammen zu führen, entsprechende Teamwerte zu definieren, den jeweiligen Sinn und Zweck des Teams aktiv zu kommunizieren, sind essentielle Bausteine für eine erfolgreiche Transformation (siehe Abb. 3.1).

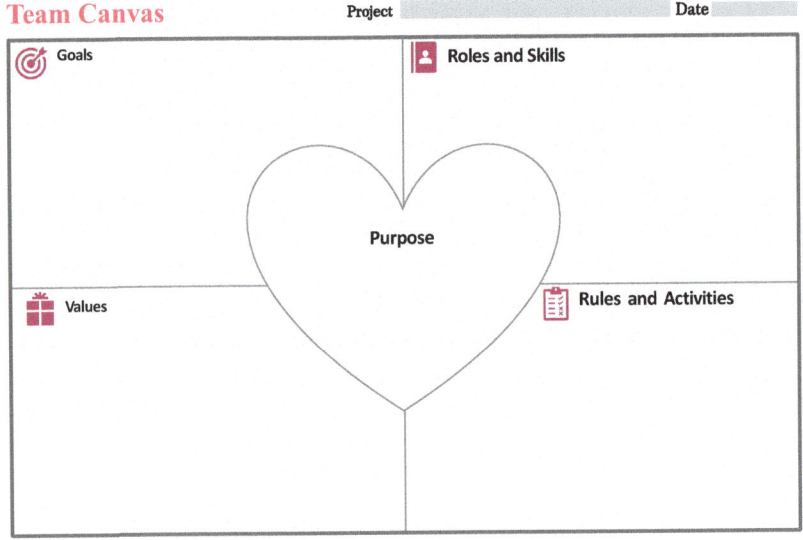

Abb. 3.1 Team Canvas ©Sylvia Kern 2023. (In Anlehnung an Team Canvas Basis Deutsch von meetingguru.de, Übersetzte Version des „Team Canvas" von theteamcanvas.com Alexey Ivanov, https://meetingguru.de/teamcanvas/, CC BY-SA 4.0)

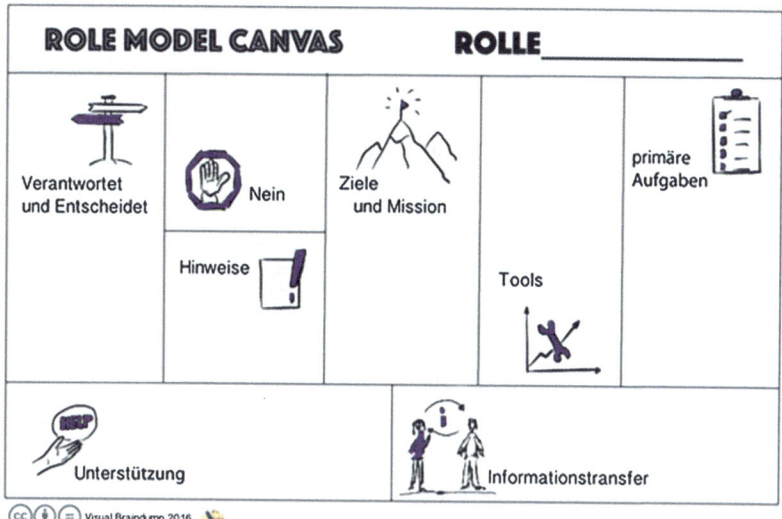

Abb. 3.2 Role Model Canvas (© Visual Braindup 2016, https://www.visual-braindump.de/role_model_canvas/, CC BY-ND)

Start with the why – Nutzen des Team Canvas

Struktur, wie schon häufig erwähnt, erzeugt eine gute Basis, um die notwendigen Rahmenbedingungen nicht aus dem Auge zu verlieren. Des Weiteren bietet ein Rahmen-Werk eine gleichbleibende „Qualität" durch bestimmte feste Inhalte und Abfragen. Das Team Canvas unterstützt Sie bei folgenden Anforderungen:

- neues Team zusammenstellen
- Erweiterung des Teams
- Wir-Gefühl wird gestärkt und somit das Vertrauen – jeder ist ein Teil vom „Team" und ist im Erfolgs-Team, Projekt-Team mit „dabei"
- Teamziele werden transparent dargestellt

Die Transformation lebt von den Menschen, je nach Projekt-Fortschritt verändern sich die Teammitglieder, dies hat zur Folge, dass auch das Team Canvas zu evaluieren ist.

Aufbau des Teams

Wie im Tipp bereits erwähnt, steht und fällt ein Projekt mit den Personen. Somit sollte die entsprechende Zeit aufgewendet werden, sich detailliert mit dem Aufbau und den Rollen der Beteiligten auseinanderzusetzen.

Im Team Canvas haben wir 5 verschiedene Bereiche und somit unterschiedliche Fragestellungen zur Zusammensetzung.

1. Ziele – Was sind die Team-Ziele?
2. Rollen – Welche Rollen, Fähigkeiten werden im Team benötigt? Stärken, Schwächen, Bedürfnisse der einzelnen sollten für den Erfolg Beachtung finden.
3. Werte – Welche Team-Werte wollen und sollen gelebt werden?
4. Regeln – Welche Regeln finden Anwendung bzw. sind notwendig, um das Team-Ziel zu erreichen?
5. Sinn/Zweck – Wofür steht das Team, welchem Zweck dient das Team? Hier darf die Anlehnung an den Unternehmens-Purpose nicht vergessen werden, denn die Transformation dient dem „Unternehmen", und das TMO-Erfolgsteam ist ein Teil davon.

Experten-Tipps

- Sie können ein in- und externes Team Canvas erstellen.
- Externe Partner sollten ebenfalls mit „Ihren Werten" auf der gleichen Welle schwimmen, wie erwähnt, ein Projekterfolg steht und fällt mit den Menschen im Projekt – somit Augen auf!

3.1   TMO-Core-Team

Das TMO-Core-Team stellt ein interdisziplinäres agiles Team für Steuerung, Planung, Koordination, IT, Architektur, Transformation u. v. m. dar. Wichtig ist hier definitiv das Mindset des Core-Teams. Das Core-Team muss bereits über ein modernes agiles Mindset verfügen, um alle dorthin begleiten, transformieren zu können. Sie sind bereits da, wo das Unternehmen und die weiteren Mitarbeiter hinmöchten.

Es fördert durch ihr Agieren das cross-funktionale, iterative und reflektierte Arbeiten und treibt durch diese Art der Umsetzungskompetenz den Shift Schritt für Schritt voran.

TMO-Zusammensetzung

* CTO – Chief Technology Officer
* Zusätzlich oder optional ein/e TMO-Leiter:in
* TMO-Core-Team | je nach Unternehmensgröße wichtige Skills → Collaboration – operatives Business – IT/Digitalisierungs-Know-how
* Fachbereiche & Key-User-Konzept: Das Core-Team aus dem TMO wiederum kommuniziert mit den entsprechenden Ansprechpartnern, Teamleitern aus den jeweiligen Business-Units bzw. Fachbereichen, z. B. Marketing & Sales, Finance & Controlling und dergleichen. Diese Personen fungieren in IT-Projekten in der Regel als Key-User, sprich: Sie agieren auf Basis des erstellten Key-User-Konzeptes.
* Externe Partner: Außer den internen Ansprechpartnern kommen je nach Aufgabe und Projekt weitere externe Partner und Dienstleister dazu. Beispielsweise für eine ERP-Implementierung der jeweilige Systempartner und optional freiberufliche Unterstützung, da ggf. interne Ressourcen nicht ausreichend vorhanden sind. Ein externer Change-/Transformationsbegleiter ist ebenso erstrebenswert, der Blick von außen mit der notwendigen Distanz eröffnet neue Sichtweisen, Lösungen und Ideen. Oft ist es sinnvoll, externe Sparringspartner nur temporär hinzuzuziehen.

3.2   TMO-Team Aufbau & Rahmenbedingungen schaffen

Projekte sind dann erfolgreich, wenn Rollen und Aufgabenbereiche der projektbeteiligten Personen klar und transparent kommuniziert werden sowie die entsprechende Erwartungshaltung und das Ziel der Rolle bzw. Aufgabe eindeutig bekannt und benannt sind.

Nur wer sein Ziel und seine Aufgabe kennt, kann erfolgreich den Weg dorthin beschreiten und die entsprechende Selbstverantwortung übernehmen.

Werden Rollen und Aufgaben bzw. Verantwortlichkeiten **nicht klar kommuniziert,** entsteht ein hohes **Risiko,** dass sich keiner angesprochen fühlt oder alle wie „aufgescheuchte Hühner" agieren.

Außerdem kann ein Ziel nur in dem Maße erreicht werden, wie dessen Rahmenbedingungen sind – will heißen: Werden bestimmte Parameter für ein Projekt oder Teilprojekt starr festgelegt, wird das Ergebnis in der Regel nicht dem gewünschten Ziel entsprechen.

Möchten Sie beispielsweise eine neue Methode einführen, ohne die Möglichkeit zur Teilnahme an einem Workshop oder einer Fortbildung anzubieten, wird das Ergebnis nicht der Zielerfüllung, „agile Arbeitsmethoden einzuführen und zu leben", gerecht werden.

Dies bedeutet: Die Rahmenbedingungen haben immer Auswirkungen auf das Ergebnis, unabhängig davon, ob es sich um Methoden, Prozesse und Systeme handelt.

Wen braucht es dann also dazu?

Die Größe des Transformationsteams variiert je nach Projektumfang. Grundsätzlich sollte ein „internes" fixes Team – wie erwähnt das Core-Team – aufgebaut werden, dessen Größe von der Unternehmensgröße abhängig ist.

Sinnvoll ist es, sowohl jemanden aus dem IT/Operation-Bereich an Bord zu haben als auch aus dem Business-Bereich, um mit dem Change- und Strategie-Know-how ausgestattet zu sein. Ebenso ist die Rolle des agilen Coachs zu etablieren.

Diese Position kann je nach Know-how von einer oder mehreren Person(en) aus dem bestehenden Team übernommen werden oder phasenweise von weiteren Personen besetzt werden. Deren Aufgabe ist es, moderierend das agile Mindset zu vermitteln.

Weitere Rollen und Rollenschärfungen finden im Laufe des Projektes statt, ebenso das Hinzuziehen von in- und externen Personen und Beratern oder Business-Partnern.

Ein zentrales KERN-Element im Transformationsteam ist das Einbeziehen der Führungsebene. Denn was nützt der größte Umsetzungswille, wenn der Entscheidungswille bzw. die Entscheidungsmacht fehlen?

Die Veränderung des Führungsstiles darf ebenfalls nicht zu kurz kommen, denn das Agieren auf Augenhöhe im Sinne einer lateralen Führung stellt eine weitere Rahmenbedingung dar.

So wird die agile und digitale Transformation von einem Werte-wandel geleitet. Die Führung findet lateral statt, auf Augenhöhe. Machtspiele und unterschiedliche Wertevorstellungen können zu Konflikten führen. Diese Konflikte sind unvermeidbar, das ist unumstritten – jedoch muss jedem klar sein, welche Werte gelebt werden sollen, und anhand dieser Werte sind die Beteiligten auch aus-zuwählen.

Wenn dann unter Umständen unterschiedliche Welten aufeinander-prallen, darf die Rolle des Konfliktmanagements im Transformations-team nicht vergessen werden.

Unentbehrlich sind schließlich vielseitig begabte Personen mit viel-fältigen Interessen und Kompetenzen, die „quer" und „vernetzt" denken. Sie runden das Gesamtprofil des Transformationsteams ab und sind ein unverzichtbares Future-Skill.

3.3 Rollen & Aufgaben | Verantwortung des TMO-Teams

Das TMO-Team verfügt über die notwendige Fähigkeit und das ent-sprechende Fingerspitzengefühl, die richtigen „Leute", sowohl in- als auch extern, ins Transformationsboot zu holen.

Der Change will gemanagt werden! Wandel will gelebt und erfolg-reich umgesetzt werden. Das Transformationsteam muss somit viel-seitige Aufgaben erfüllen, die in den nachfolgenden Kapiteln erläutert werden.

Das Role-Model-Canvas knüpft an das Team Canvas nahtlos an. Jedes Projekt, nicht nur das Transformationsprojekt, erfordert verschiedenste Skills zur Erfüllung der „Aufgaben". Aus meiner persönlichen Projekterfahrung kann ich sagen, wie bedeutsam die Rollenklärung und Rollendefinition sind. Um Projekterfolge erzielen zu können, werden bestimmte Rollen benötigt. Diese können nur erfüllt werden, wenn den Rollen-Beteiligten deren Rolle inklusive deren Auf-gaben und „Verantwortung" klar sind und diese deutlich besprochen und auch geregelt werden. Eines möchte ich hier gerne erwähnt haben, es geht hierbei nicht darum, Verantwortung abschieben zu können, ganz im Gegenteil. Jeder Einzelne kann nur dann Verantwortung übernehmen und ein Commitment eingehen, wenn diese Personen auch ihre Rollen und Anforderungen kennen. Nur zu gut kenne ich dies aus einer Vielzahl von Projekten, dass ungern „Regelungen" festlegt werden. Diese stellen jedoch notwendige Parameter in der modernen Arbeitswelt dar und sind weit entfernt von vermeintlichen machtpolitischen Spielchen. Wer übernimmt schon gerne für etwas Verantwortung, ohne einen abgesteckten Rahmen?! (siehe ??

Nutzen & Sinn des Role-Model-Canvas

Sie definieren hierbei transparent und visuell mit dem Role-Model die entsprechende Projekt-/Aufgabenrolle. Welche Ziele, Aufgaben zu erfüllen sind, welche Tools zur Verfügung gestellt werden, wer diesen Rolleninhaber unterstützt und an wen die Ergebnisse, Informationen weitergeleitet werden.

Auflistung der Topics und Fragestellungen im Einzelnen

- Aufgaben, Befugnisse und Verantwortung im Transformation-Projekt visuell darstellen und festlegen
- Abgrenzung der Tätigkeiten, Aufgaben, Verantwortung, Befugnisse/ Entscheidungskompetenzen zu den anderen Rollen voneinander klären und festlegen
- Wie hat der Informationsfluss und die Kommunikation der jeweiligen Rolle zu erfolgen? Wie sehen die jeweiligen Akteure, Verbindungen aus?
- Welchen Support, welche Unterstützer und ähnliches sind notwendig, um die Aufgaben der Rolle zu gewährleisten?
- Welchem Hauptzweck dient diese Rolle, was ist die Hauptaufgabe und was sind/wären die Erfolge der Rolle?

Experten-Tipp

Zur Stellenbesetzung bzw. Stellenausschreibung eignet sich ein Role-Model-Canvas hervorragend!

3.4   TMO der Motivator | Yes we can!

Eine der wichtigsten Aufgaben des TMO-Teams ist es, sei es durch das Core-Team oder durch die Key-User, die „Projekt-Beteiligten" zu motivieren. Nein, am besten Sie schaffen es, zu begeistern – wer Projekt-Beteiligte zu Fans macht, schafft und sichert dadurch Erfolge.

Eine einmalige „Begeisterungswelle" zu schlagen, reicht jedoch nicht aus, diese verpufft schnell, manche Mitarbeiter benötigen mehr Zeit. Steter Tropfen höhlt den Stein sozusagen, kontinuierliches Motivieren, Begeistern und Promoten ist ein Daily Business für das „TMO und den Unternehmenswandel".

Holen Sie TMO-Treiber ins Transformationsteam, Agile-Influencer, Future-Skill-Heroes, die den Wandel proaktiv im Unternehmen vorleben und vorantreiben.

Experten-Tipps

* Richtige Personen in den richtigen Rollen | Rollen, Verantwortung und Aufgaben müssen bekannt und verstanden werden
* Key-User-Konzept (Freiraum schaffen außerhalb des Daily Business)
* Future-Skill-Vielseitigkeit | Agile-Influencer
* Es werden agile Personen benötigt, die bereits über ein Growth Mindset verfügen und Freude daran haben, ihre Komfortzone zu verlassen und Neues auszuprobieren.

Wichtig: Das Management muss dahinterstehen und supporten!
Das Transformationsteam ist somit der strukturierte Implementierungspartner in der Organisation, der koordiniert, prüft, harmonisiert, Werte vorlebt und diese entsprechend mit agilen Arbeitsmethoden im Unternehmen untermauert und ein selbstlernendes und sich selbst organisierendes Unternehmen fördert. Das Transformationsteam unterstützt ebenso die cross-funktionale Zusammenarbeit. Da der Komplexitätsgrad in der heutigen Zeit immer mehr zunimmt, ist der Blick auf das große Ganze das A und O auf der Agenda des Erfolgsteams.

Es ist eine anspruchsvolle Aufgabe, denn die meisten Unternehmen und Organisationen befinden sich erst auf dem Weg von traditionellen, hierarchisch geprägten Strukturen hin zu einer modernen Arbeits- und Unternehmenskultur. Zu beachten ist hierbei, dass es nicht mit dem bloßen Aufstellen von Kicker-Tischen oder Kreativ-Ecken getan ist – diese sind lediglich Mittel zum Zweck. Die Ablauforganisation neu zu denken und zu implementieren, ist ein **Mammut-Projekt** und muss als Prozess gesehen werden. Damit diese Veränderung keine Eintagsfliege für ein einmaliges Projekt wird, bedarf es eben dieses Transformationsteams, das den Change auf allen Ebenen und in allen Bereichen vorantreibt und vorlebt!

Wer Neues etablieren will, wird unweigerlich auf Widerstände stoßen – sich von alten Ansichten, Herangehensweisen und auch Werten zu trennen bzw. diese neu zu denken, ruft Konflikte hervor. **Konfliktvermeidung ist jedoch eher hinderlich.** Es muss erkannt und anerkannt werden, dass Spannungen dazu da sind, gelöst zu werden, und dass vermeintlich überholte Ansichten, Fehler etc. Neuem weichen dürfen. Hierzu bedarf es einer essenziellen Fähigkeit: der **Konfliktfähigkeit,** die es ermöglicht, hier ebenfalls moderierend und vermittelnd tätig zu werden und mehrere Sichtweisen einzubeziehen.

Somit wird mehr als deutlich: Der **Erfolgsfaktor** ist abhängig von der Zusammensetzung und den Rollen des **Transformationsteams!**

3.5 Vogelperspektive

Das Transformationsteam behält stets den Gesamtüberblick über Prozesse, Systeme, Architektur, Unternehmensziel und Vision. Das Team ist der Dirigent und orchestriert die Ideen, Impulse und Aktivitäten. Essenziell ist, immer die Machbarkeit im Auge zu behalten und realistische, optionale Teilschritte zu beschreiten – iterativ eben zum Erfolg. Ebenso den Lernprozess der Organisation im Blick zu haben und die blinden Flecke zu erkennen, die die Organisation möglicherweise an einer effizienten und holistischen Transformation hindern könnten.

3.6 Vision – Sinn – Ideen | Impulse setzen, streuen und verankern

Start with the why! Eine klare Vision und Mission machen es möglich, Ziele und Teilziele zu definieren und geben der Organisation Halt. Werte stellen somit die Leitplanken dar. Diese Rolle und Aufgabe sorgt dafür, dass die notwendige Energie zielgerichtet in den Veränderungsprozess investiert wird. Es muss klar sein, dass **ohne Power und Investment für diesen Bereich keine Veränderung** stattfindet. Bisherige Handlungsmuster können erst durchbrochen werden, wenn von jedem Einzelnen die Einsicht und der Wille zur persönlichen Veränderung gegeben ist.

Eine klare **Change-Story,** warum etwas getan wird, ist die **Triebfeder für den Erfolg.**

3.7 Community – Stabilisierung des WIR-Gefühls

In der Gemeinschaft, im WIR-Denken und WIR-Agieren für ein bestimmtes Ziel, lässt sich so mancher Berg leichter erklimmen. Diese Rolle und Aufgabe dient der Stabilisierung der Gemeinschaft, die den Zusammenhalt fördert, z. B. durch Agile-Influencer und diverse Aktivitäten. Sinnvoll ist es, Plattformen zum Austausch, sogenannte „Collaboration Tools", zu etablieren. Auch hier wird es den ein oder anderen "Vereinfacher, Erleichterer", sprich Facilitator, benötigen.

Experten-Tipp

Innerhalb einer lernenden Organisation wird der Wissenstransfer gewünscht und auch gefördert. Im Zuge der Transformation wäre es ein weiteres Plus, wenn Sie hier eine interne Community aufbauen, die ebenfalls die Transformation „promotet", zusätzlich auch den Knowledge-Transfer vorantreibt und fördert. Netzwerken, Communities u.v.m sollten bei keiner Transformation vergessen werden!

3.8   Kommunikation – Austausch fördern – Einbeziehen

Wir kennen es alle: Kommunikation als eines der schwierigsten Themen mit Sender und Empfänger im Kommunikationsquadrat nach Friedemann Schulz von Thun (siehe auch https://www.schulz-von-thun.de/die-modelle/das-kommunikationsquadrat).

Dieses bekannteste Modell ist auch unter den Namen „Vier-Ohren-Modell" oder „Nachrichtenquadrat" geläufig. Wenn wir als Menschen kommunizieren, sprechen wir gleichzeitig 4 Botschaften aus:

- eine Sachinformation – worüber ich informiere – **blau,**
- eine Selbstkundgabe – was ich von mir zu erkennen gebe – **grün,**
- einen Beziehungshinweis – was ich von dir halte und wie ich zu dir stehe – **gelb,**
- einen Appell – was ich bei dir erreichen möchte – **rot.**

Jeder von uns, sowohl der Sender als auch der Empfänger, sind für die Qualität der Kommunikation verantwortlich. Missverständnisse innerhalb einer Kommunikation sind eher die Regel, somit ist man gut beraten, in Sachen Kommunikation „Ohren und Mund" zu schulen.

Die vier Ebenen der Kommunikation

- **Sachebene** – hier steht die Sachinformation im Vordergrund – Daten, Fakten und Sachverhalten. Die Herausforderung hier besteht für den Sender, sich klar und verständlich auszudrücken. Die Aussagen enthalten immer die eigene Persönlichkeit, wie Gefühle, Werte, Bedürfnisse. Um hier zusätzliche Missverständnisse zu vermeiden, ist es sinnvoll „Ich-Botschaften" zu formulieren. Der Sender vermittelt durch seine Art der Kommunikation bereits einen Anteil seiner Persönlichkeit, die der Empfänger aufnimmt und bewertet in: „Was ist das für einer? Wie ist er gestimmt?" u. v. m.
- Auf der **Beziehungsebene** wird transportiert, wie man zum Gegenüber steht. Dies geschieht durch Mimik, Formulierung, Tonfall und

Gestik. Durch diese Art der Kommunikation auf der Beziehungsebene fühlt man sich wertgeschätzt, abgelehnt, missachtet, geachtet,
respektiert oder gedemütigt.

• Einfluss übernehmen wir mittels der **Appellseite**. Wird das Wort
ergriffen, möchte diese Person in der Regel etwas erreichen. Es
werden Ratschläge, Anweisungen, Wünsche, Bedürfnisse etc.
geäußert. Der Appell regt den Empfänger an: „Was soll ich jetzt
(nicht) machen, denken oder fühlen?"

Dies ist nur ein kleiner Auszug aus den unzähligen Lektüren in Sachen
Kommunikation, die so vielfältig sind wie wir Menschen. Für die
Zusammenarbeit in Projekten, in welcher Form auch immer, ist jedoch
eine gewisse Kompetenz in diesem Bereich für ALLE gewinnbringend
und zuträglich für ein gemeinsames, erfolgreiches Agieren.

Wertschätzung

Eine wertschätzende, respektvolle Kommunikation ist gegeben, wenn
wir die Situation erfassen und dem Gegenüber zuhören und folgen
können. Konflikte entstehen häufig, weil wir unterschiedliche Sprachen
(siehe vorherige Absätze) sprechen. Zeigen wir Wertschätzung, der
Person und dem Thema gegenüber, auch wenn wir optional anderer
Meinung sind, kann ein gemeinsames kooperatives Agieren geschehen.

Einbeziehen und Wir-Gefühl

Ein weiterer Punkt ist jedoch auch das Einbeziehen der betroffenen
Personen – wer die Fachbereiche und Mitarbeiter hinter sich haben
möchte, sollte diese mit in das Veränderungsboot holen. Wer nur
informiert und einbezieht, wenn es „brennt", anstatt die Personen
kontinuierlich zu involvieren, wird diese nicht langfristig für sich
gewinnen können. Wenn wir immer nur dann nach der „Feuerwehr"
rufen, wenn es „brennt", wird kein WIR-Gefühl erzeugt. Ein Projekt-
Team, Mitarbeiter, eine „Mannschaft" hält zusammen, wenn jeder
integriert wird, wobei hier sicherlich die entsprechende Dosis zu wählen
und – wie immer – die richtige Balance zu finden ist! Das Unternehmen
hat somit die Aufgabe, das WIR zu stärken, relevante Botschaften zu
transportieren, Inhalte und das entsprechende Timing sinnvoll zu

wählen und Kanäle und Adressaten anzusprechen. Sie ist das Bindeglied der einzelnen Ebenen in der Unternehmung.

3.9 Change-Projekte sind People-Business

Die Veränderung betrifft jede einzelne Person im Unternehmen, denn jede/r denkt und fühlt anders, jede Person hat ihre „eigene Welt". Die Rolle des Change-Begleiters hat die Aufgabe, sowohl fachliche wie auch soziale Kompetenzen und Fähigkeiten zu fördern, indem Qualifizierungs- und Unterstützungsmaßnahmen angeboten werden, um die Eigenverantwortung und das agile Mindset zu verankern. Der/die Change-Begleiter sollten somit auch fit in Sachen „Diversity Management" sein!

3.10 Feedback

Rückmeldung bzw. Retrospektive ist eines der KERN-Elemente einer Transformation. Das Leben wird vorwärts gelebt und rückwärts verstanden und so ist es auch in der agilen und digitalen Transformation. Wer diese Rolle, diese Funktion unterschätzt, beraubt sich der Weiterentwicklung. Es muss Raum für **positives und kritisches Feedback geben, einen angstfreien Raum.** Denn wenn wir denken, dass wir auf dem Weg hin zur Transformation keine Fehler machen, liegen wir zu 100 % falsch. Es braucht Mut, hinzusehen und das vermeintliche Scheitern in Schätze zu verwandeln. Die Transformation ist ein Lernprozess – nur wer dies anerkennt und annimmt, wird erfolgreich sein.

3.11 Framework | Planung und Struktur schützt vor „Chaos-Management"

Unter Agilität wird oft ein chaotisches Agieren verstanden – dabei ist es genau das Gegenteil. Damit ein schnelles Ergebnis, wie z. B. ein MVP (Minimum Viable Product) entstehen kann, braucht es ein Framework, eine feste Projekt-Struktur und Vorgehensweise, die für alle Beteiligten gilt, das gibt „Halt", um nicht in ein unkontrolliertes Chaos und chaotisches Handeln zu geraten.

Hierzu gibt es genügend Methoden. Ein Mix aus agil und klassisch hat sich für viele Projekte und Unternehmen als die BESTE Lösung herauskristallisiert. Auch hier gilt: anfangen, ausprobieren, verfeinern!

Ablauf, Prozesse, Personalfragen, etwaiger Bedarf an externen Experten – auch hier sollte eine einheitliche Vorgehensweise festgelegt werden, z. B. durch ein Onboarding-Verfahren.

New Work will ebenfalls mit Sinn und Verstand implementiert werden.

4

TMO-Struktur | Vom Chaos zur soliden Basis!

Zusammenfassung Structure, structure, structure! Ergebnisse und vor allem kontinuierliche Ergebnisse können nur mit einer entsprechenden Struktur erzielt werden. Agilität ist weit davon entfernt, chaotisch zu sein. Sie erfahren im nachfolgenden Kapitel, wie Sie eine entsprechende Struktur umsetzen. Dies beinhaltet ebenso Richtlinien wie auch jeweilige Tools. Transformationsprojekte weisen viele Projektbeteiligte auf, hier muss für jeden Einzelnen klar und deutlich erkennbar sein, wie was und wo zu finden ist. Methoden, Templates werden ebenfalls detailliert erläutert. Auch die Findung eines Pilotprojektes wird ausführlich erläutert, denn die Auswahl eines ersten Projektes ist ein entscheidendes Kriterium für die Akzeptanz des Wandels. Weiter erhalten Sie Inspirationen und Insides von kreativen Formaten, wie Sie am besten Change-Begeisterung sozusagen verbreiten, um auch temporäre Durststrecken zu überwinden. Nichtsdestotrotz ist ein wichtiger Punkt in der Transformation „Selbstverantwortung", auch hierzu finden Sie Hands-on-Know-how.

Ist der Rahmen gegeben, kann Agilität tatsächlich umgesetzt werden. Gelebt wird Agilität von der Haltung der Personen. Die Ihnen

© Der/die Autor(en), exklusiv lizenziert an Springer-Verlag GmbH, DE, ein Teil von Springer Nature 2023
S. Kern, *Das Transformation-Management-Office – Die Basis*,
https://doi.org/10.1007/978-3-662-68082-7_4

vorgestellten Formate dienen in der Future Work als „Hilfsmittel", um ein agiles Mindset zu fördern und die Zusammenarbeit, das gemeinsame Erarbeiten zu unterstreichen. Kein Tool, keine Methode wie Scrum macht eine Person agil, aber sie unterstützen diese und diese Methoden stellen eine neue Art der Organisation der Aufgaben und Abläufe dar.

Ein gewisses Framework ist ebenfalls notwendig und sinnvoll, um die „Compliance" zu gewährleisten. Effektivität, Effizienz und Outcome sind ebenso nur unter bestimmten Rahmenbedingungen und Strukturen erreichbar.

4.1 Framework | Compliance

In den nächsten Abschnitten werden Ihnen Methoden und Tools vorgeschlagen. Tools & Co. sind gute „Dienstleister". Elementar ist es, ein „grobes" Change-/Transformationskonzept zu entwickeln. Dieses Reglement dient als Leitplanke, um, wie eingangs erwähnt, den Outcome und eine gewisse gleichbleibende Qualität zu sichern. Der Ansatz sollte nicht sein, bis ins kleinste Detail das Framework zu fixieren, aber die groben Schritte und Vorgehensweisen schon, ebenso Kommunikationstools, Core-Team und vieles mehr. Sinn und Zweck ist es, ein **gemeinsames Verständnis zu schaffen!** Hilfreich ist es ebenso, auf eine „gewisse Dokumentation" zu setzen, für Retros, aber auch für das Onboarding in- und externer TMO-Mitglieder. So lässt sich schnell ein Überblick gewinnen. Die ersten wichtigen Schritte sind getan, damit das TMO seinen Einsatz und den gewünschten Outcome liefern kann. Nun ist es wichtig, sich ein entsprechendes Erstprojekt, ein Leuchtturm-Projekt, zu suchen.

Experten-Tipps
- Welche Tools und Methoden sind zielführend? Trainingsbedarf dafür festlegen
- Collaboration-Tools für in- und externe Kommunikation
- Einheitliche Ablage und Struktur in den jeweiligen Tools und Systemen
- Status-Reportings & Timelines
- Eskalations- und Risikomanagement und Guidelines
- Cluster der Transformationsthemen

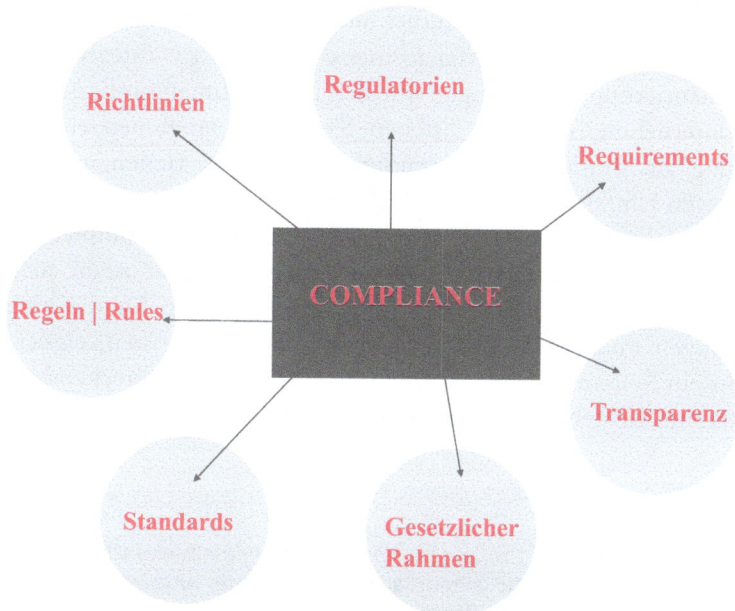

Abb. 4.1 Compliance. (© Sylvia Kern 2023. All Rights Reserved)

Als Impuls für ein Framework bzw. Compliance-Konzept finden Sie eine visuelle Darstellung der darin enthaltenen Teil-Bereiche (siehe Abb. 4.1).

Compliance bzw. ein Compliance-Konzept erfüllt die Aufgabe, die notwendigen Anforderungen zu definieren, eine „Rechtskonformität" zu gewährleisten und ebenso für eine Geschäftsethik, Integrität und Aufrichtigkeit zu sorgen. Die Rechtskonformität regelt die externen Regeln. Die internen Regeln und Prinzipien werden z. B. in einem Verhaltenskodex verankert, ebenso die Wertevorgaben. Die Erstellung eines Systems sollte in einem Unternehmen gemeinsam mit den Führungskräften erarbeitet werden, denn sie sind es, die für die Einhaltung Sorge tragen und auch in Haftung gehen. Compliance regelt somit wieder die entsprechenden Anforderungen „strukturell und individuell".

Grundsätzlich ist jedes Unternehmen frei in der Struktur und darin, ein CMS (Compliance Management System) zu integrieren. Die Implementierung ist abhängig von der Unternehmensgröße sowie von der Unternehmensbranche. Streben Sie als Unternehmen eine Zertifizierung an, werden Sie notwendige Compliance treffen müssen, im regulierten Umfeld gewiss.

Anzumerken ist, dass ein Regelwerk, Guidelines, Compliance nur dann von Nutzen sind, erst recht bei freiwilliger Basis, wenn auch die Gegenkontrolle stattfindet bzw. die Kontrollfunktion für die internen Regelungen und deren Anwendung. Wie kurz angerissen, eignet sich hierfür ein System „CMS", dies muss natürlich im entsprechenden Verhältnis zum Kosten-Nutzen-Aufwand stehen.

Experten-Tipp

Regulatorien, je nach Umfang, können auch innerhalb eines ERP-Systems abgedeckt werden. Mit einem gewieften Rechte- und Rollenkonzept (über welche Systemzugriffe ein Anwender verfügt), zuzüglich einiger optional notwendigen Anpassungen im System (Customizing) und einem oftmals vorhandenen BI-Tool, kann hier auf einfache Art und Weise der gewünschte Output erzeugt werden.

4.2   Leuchtturmprojekt | Core-Team

Der Start mit dem ERSTEN Projekt aus dem TMO-Board heraus sollte mit einem gut ausgewählten Projekt sein. Am besten wird das Core-Team damit beauftragt, ein stimmiges Projekt auszuwählen. Das Leuchtturmprojekt muss unter dem Gesichtspunkt gewählt werden, dass es von Erfolg gekrönt sein wird; der Wunsch, alles auf einmal abzudecken und umzusetzen, sollte nicht das Auswahlkriterium bestimmen. Der Ansatz sollte eher lauten, „Quick-Wins zu erzeugen" (siehe Abb. 4.2).

Abb. 4.2 Das Leuchtturmprojekt. (Foto von Everaldo Coelho auf Unsplash: https://unsplash.com/de/fotos/KPaSCpkICZw)

Einige Empfehlungen zur Auswahl eines Leuchtturmprojektes

- Welches Projekt zahlt am meisten auf Ihre Vision und das gewünschte Ziel ein?
- Welches Projekt ist mit wenig Komplexität behaftet?
- Welches Projekt liefert innerhalb kürzester Zeit Outcome und Quick-Wins?
- Welche Quick-Wins haben für das Unternehmen einen großen Mehrwert?
- Welches Projekt kann mit wenig TMO-Ressourcen-Kapazitäten den meisten Outcome liefern?
- Wie viel optionaler Schulungsaufwand für Methoden und Tools ist notwendig?

Fazit & Fakten-Check

- Kurzes Projekt mit viel Mehrwert!
- Erfolg schafft Akzeptanz!
- Erleichterung schafft Akzeptanz!

4.3   TMO-Change-Management-Tools

Nicht nur die Auswahl des Leuchtturmprojektes ist essenziell, auch die entsprechenden Tools. Welche „Jobs-to-be-done" gibt es zu erledigen, wie ist der Status, wer ist für das Ergebnis im Lead zuständig, welche Abhängigkeiten gibt es optional und vieles mehr. Excel-Listen sind hier wirklich fehl am Platz. Je nach Unternehmensgröße sollten Sie die entsprechende Wahl eines Systems treffen. Wenn Sie mit dem TMO und der **Harmonisierung im Unternehmen beginnen,** werden **viele Themen zum Vorschein treten,** die häufig **nicht das aktuelle Projekt betreffen.** Diese Informationen sind jedoch **wichtige Impulse** für die weitere Transformation bzw. Organisationsentwicklung. Am besten erfassen Sie diese Side-Topics und clustern diese im jeweiligen System.

Die am häufigsten verwendeten Systeme sind zugleich auch Ticket- oder Projektmanagement-Tools, wie z. B. Jira oder Microsoft Teams für mittlere bis kleinere Projekte.

Ist man auf der Suche nach einer entsprechenden Software bzw. einem Tool, eignen sich auch bestimmte Plattformen, um hier Vergleiche anzustreben, wie z. B.: https://www.capterra.com.de/.

4.4   Change-/Transformationskonzept entwickeln | Overview

Ein stimmiges Transformationskonzept entwickeln, mit den gewünschten Zielen und den wichtigsten Inhalten, ist unerlässlich.

Der entsprechende Entwicklungsweg wird in ein stimmiges, „schlankes" Konzept überführt. Stimmig bedeutet, die Maßnahmen zur Realisierung der Entwicklung hin zu einer agilen Organisation zu erarbeiten/umzusetzen.

Konzeptinhalte – Impulse

- Den Nutzen für das Unternehmen klar und deutlich hervorheben.
- Den Nutzen für die unterschiedlichsten Stakeholder-Gruppen wie Kunden, Mitarbeiter, Shareholder usw. in den Mittelpunkt rücken und erläutern.
- Achten Sie auf das große Ganze unter den Gesichtspunkten „sich ergänzen" und der Konsistenz.
- Stellen Sie die Ziele dar und eine grobe Reihenfolge der Priorisierung.
- Risiken sollten ebenfalls erwähnt werden, offen und transparent die Aus- und Nebenwirkungen zu berücksichtigen und auch diese zu minimieren. (s. Kapitel „Risiko")

„Schlank" bedeutet hierbei, nur die wichtigsten und dringenden Maßnahmen festzulegen und diese dann unmittelbar umzusetzen. Spätere Maßnahmen können zu späteren Zeitpunkten definiert bzw. detaillierter hinzugefügt werden.

Eine agile Transformation, also die Einführung einer agilen (Arbeits-) Organisation, betrifft nicht das ganze Unternehmen sofort und alle. Denn erstens sind agile Arbeitsweisen nicht in jedem Fall (Fachbereich) sinnvoll. Iterativer Bankimport im Finance-Bereich ist nicht der Ansatz. Zweitens hat es sich als erfolgreich erwiesen, bei der Einführung agiler Konzepte schrittweise voranzugehen. Es wird mit einem Pilotprojekt/Leuchtturmprojekt oder Pilot-/Teilbereich begonnen. Mit den gewonnenen Erfahrungen aus der Pilotierung werden agile Arbeitsweisen schrittweise auf andere Bereiche übertragen.

Ein erfolgreiches und sinnvolles Vorgehen ist es daher, die Voraussetzungen für die agile Transformation zu schaffen und dann step für step weiter voranzuschreiten.

Transformation Step by Step

- Leuchtturmprojekt/Pilotprojekt oder Pilot-/Teilbereich starten
- Umgebung und Rahmenbedingungen schaffen
- Kooperierendes Team, Business Units/Organisationseinheiten
- Agile Methoden

- Entsprechende Schnittstellen berücksichtigen
- War Pilotierung erfolgreich, kann Skalierung auf andere Bereiche/ Projekte erfolgen
- Weitere Ausweitung, Skalierung der Transformation auf die Rest-organisation

Transformationskonzept Aufgaben-Check

Die Aufgaben, die sich durch das Transformationskonzept ergeben, können mit einem Backlog agil gleich umgesetzt werden. Ein Backlog ist eine Liste von Aufgaben bzw. Anforderungen, die abgearbeitet werden müssen und zu realisieren sind. Ein Arbeitsrückstand. Das Backlog dient zur „Sammlung" der Aufgaben/Tasks und wird mit üblichen agilen Tools festgehalten, wie z. B. ein Kanban-Board (siehe Abb. 4.3).

Ein Transformationskonzept, das ebenso den Kulturwandel im Unternehmen umsetzt und untermauert, sieht anhand eines Pilot-bzw. Leuchtturmprojektes den zentralen Anlaufpunkt. Wie in der

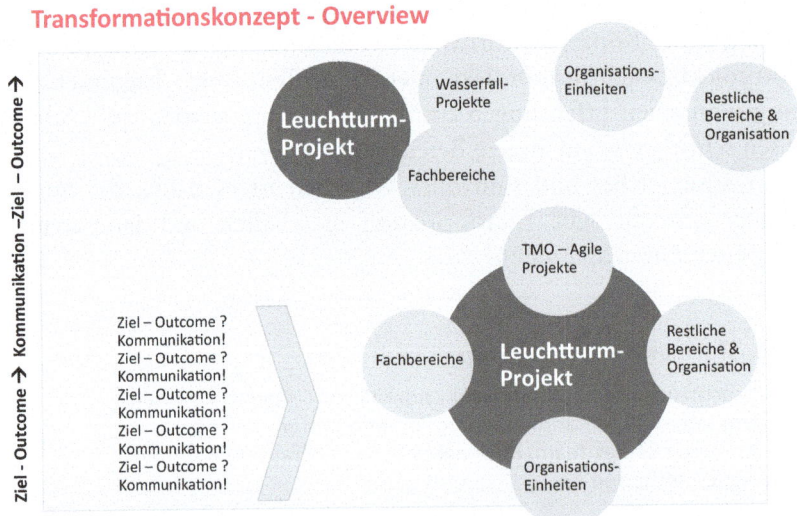

Abb. 4.3 Transformationskonzept. (© Sylvia Kern 2023. All Rights Reserved)

Abb. 4.3 visuell dargestellt, versammeln sich alle andockenden Bereiche in der agilen Transformation (Kulturwandel) um das „Leuchtturmprojekt". Diese werden alle miteingebunden und nicht wie in den üblichen Wasserfall-Projekten gehandhabt, wo die entsprechenden Teilbereiche nur phasenweise am Projektgeschehen mitwirken und so sehr viel Wissen und Zeit verloren gehen. Jeder Teilbereich hat Zugang zum aktuellen Status im Projekt, hat Kenntnis, was zu tun ist, was zu liefern ist. Dadurch ist ebenso gewährleistet, dass sich jeder seiner Verantwortung und Teilhabe, Mit-Gestaltung im Projekt bewusst ist, jeder ist ein Zahnrad im Team und im Projekt. Greift ein Topic nicht ineinander, stockt es. Dieses mögliche „Stocken" geschieht jedoch sehr zeitnah, denn der nächste „Step im Sprint" (agile Arbeitsmethode „Scrum") steht an. Wird nicht „geliefert", kann umgehend nachjustiert werden.

In einem Wasserfallprojekt wird erstmal nach fest vordefiniertem Konzept „ab-gearbeitet". Was sich in der Zwischenzeit, sowohl in- als auch extern ergeben könnte, „fließt" am Projekt in der Regel vorbei. Dies hat zur Konsequenz, dass unnötig viel Zeit, Geld, Ressourcen vergeudet werden.

Sicherlich stellt dies ein jedes Unternehmen, je nach Agilitätsgrad vor Herausforderungen, denn die Unternehmung und die entsprechende hierarchische Struktur muss für diese Vorgehensweise angemessen umstrukturiert werden. Hier empfiehlt es sich ebenfalls, iterativ vorzugehen. Welches Ziel wird angestrebt, welcher Nutzen ist geplant und wie kann dieser mit möglichst risikoarmem Vorgehen umgesetzt werden. Hierzu kommt wiederum das Future-Skill „Kommunikation" ins Spiel und das TMO-Erfolgsteam bzw. Core-Team, die diese Transformation als Bergführer-Team zur Gipfelbesteigung sicher begleiten.

4.5 Sharing is caring | Internes Wiki-Tool

Wissen ist Macht und wie wir wissen: Ohne Macht oder Einfluss gibt es keine Veränderung. In der agilen Arbeitswelt wird dieses Wissen als DER Erfolgsfaktor für ein Unternehmen verstanden und im We-Grow-Factor offen geteilt.

In einer offenen, vertrauensvollen Unternehmenskultur bleibt keiner auf seinem erworbenen Wissen „sitzen", sondern beteiligt sich an der Weiterentwicklung des Unternehmens, dem großen Ganzen.

Damit das Wissen schnell und unkompliziert abgerufen werden kann und für jeden im Unternehmen zugänglich ist, ist ein internes Wiki, Wissensmanagement elementar. Ein entsprechendes Tool, je nach Unternehmensgröße, ist mehr als zu empfehlen, auch im Hinblick auf die Skalierbarkeit.

Warum sollte Wissen zwischen Mitarbeitern geteilt werden?
Unternehmen, die den Wissenstransfer, das Knowledge Sharing vernachlässigen, gehen mehrere Risiken ein. Es stellt nicht nur das Fehlen von Wissen dar, wenn z. B. wichtige Leistungsträger:innen ausscheiden. Es geht um Verluste im Bereich der Produktivität, Konkurrenzfähigkeit, Effizienz, Effektivität und vieles mehr.

Ein Mangel an Knowledge Transfer erhöht das Risiko, Fehler zu wiederholen, Agilität wird dadurch gebremst, unnötige Kosten werden verursacht, die Innovationskraft wird geschmälert und eine Optimierung der Prozesse wird ebenso blockiert.

Ein Wissensmanagement zu etablieren, ist somit Gold bzw. Geld wert! Das Beratungshaus KPMG schätzt hier jährliche Kosten in Höhe von Euro 50.000 bis 500.000 **(Handelsblatt 2022).**

> Also: Investieren Sie in Ihr Wissensmanagement. Ihr Return on Invest ist Ihnen sicher!

Know-how zu teilen, ist ebenso als strategischer Faktor anzusehen
Cross-funktionales Arbeiten, Silo-Denken abschaffen und Wissensaustausch fördern sind Investments in Ihre Unternehmenskultur. Denn durch Austausch werden die Zusammenarbeit und somit der We-Factor gefördert, die Ellenbogen-Kultur verschwindet somit mehr und mehr, dies ist die Basis für agiles Arbeiten.

Ein weiterer strategischer Ansatz ist es, dieses Wissen konstruktiv für das Unternehmen einzusetzen und auch zu erweitern, wie viele Unternehmen es bereits tun, mit Ideenmanagement-Systemen und dergleichen.

Auch Ihre Kunden können Sie mit einbeziehen, durch Feedback-Befragungen. Viele Unternehmen sehen **Kundenkritik negativ, doch wenn die Kritik konstruktiv** geäußert wird, ist dies eine kostenlose Chance zur Weiterentwicklung. **Sie sollten dafür „danke" sagen!**

4.6 Leitplanken „Framework & Roadmap & Projektplan & User-Storys"

Egal, welches Vorhaben Sie angehen, ohne einen gewissen Rahmen, ein Konzept, werden Sie sich verheddern und das Ziel aus den Augen verlieren. Nachdem Sie entschieden haben, welche Teilprojekte bzw. Pilotprojekte Sie angehen wollen, machen Sie sich am besten eine visuelle Roadmap. Bei der Planung sollten Sie „realistisch" sein – zu komfortabel in der Timeline nimmt den Druck der Notwendigkeit, zu straff lässt Motivation schwinden. Legen Sie ebenfalls die entsprechenden Methoden und Tools fest, wie Sie arbeiten. Collaboration- und Projektmanagement-Tools beispielsweise.

Experten-Tipps

- Grober Plan – Projekt- und Fahrplan inkl. Meilensteine
- Einfacher Projekt-Status | Ampelsystem für Jour-Fix
- Retro Notes inkl. Ampelsystem
- Agile Review-Meetings initiieren – Time-Boxing und Ziel des Termins fixieren
- Grundsätzlich Time-Boxing und Ziel bzw. Outcome für Termine, Meetings etc. vereinbaren!

Umsetzung ist das Zauberwort. Bedeutsam ist zu erwähnen, dass eine gute Vorbereitung und ein gewisser Plan absolute Erfolgsgaranten sind, jedoch ohne Umsetzungskompetenz jeglicher Aufwand verpufft. Demnach ist einer der wichtigsten Schritte, „einfach mal anzufangen", einfach mal „gewisse Schritte" zu gehen – es ist wie im Leben, manchmal benötigt es bestimmte Erkenntnisse, um darauf aufzubauen. Wer auf den perfekten Plan, Zeitpunkt wartet, kommt nie am Ziel an.

Anmerkung: Ein realistischer Plan, Entscheidungskompetenz und der Wille zur Umsetzung sind notwendig, um das gewünschte Ziel zu erreichen, ebenso entsprechende Change Kommunikation – denn jeder tickt anders!

Im Framework gilt es ebenfalls, die Art der Zusammenarbeit zu berücksichtigen. Agiles Arbeiten heißt iteratives Arbeiten. Hierzu finden Sie in den Kapiteln ausreichend Tipps und Impulse – denn dies stellt einen zentralen Erfolgspunkt dar.

> **Experten-Tipp User-Story & Co.**
>
> Überlegen Sie sich, was und wie viel Sie auf welchem Level erfassen möchten und müssen. Der Ansatz sollte sein, so **viel wie notwendig und so wenig wie möglich!**
>
> Hinsichtlich optionaler Anforderungen können Sie diese mittels eines Interviews, einer Checkliste und gezeitigter Erfassung von User-Storys in einem „Aufwasch" erledigen!

Eine User-Story ist eine allgemeine Erklärung einer Software-Anforderung aus Sicht des Endbenutzers. Die User-Story ist ebenfalls vom Endnutzer selbst verfasst worden. Der Sinn besteht darin, aus Sicht des Anwenders die Anforderungen zu formulieren und somit den „Wert" für den Kunden (Software-Nutzer) erkennbar zu machen.

Die User-Story als einfache „Anforderung" an das System, die Software zu deklarieren, ist zu einfach. In der agilen Welt und in der agilen Software-Entwicklung steht der Mensch an erster Stelle. Wie oft wird an dem „End-Nutzer" vorbei entwickelt!? Bei den User-Storys steht der Endbenutzer im Mittelpunkt, dieser verwendet seine verständliche Sprache, auf eine Fachsprache seitens Entwicklung & Co. wird verzichtet. Das Entwicklungsteam weiß, was sich der Kunde, der Endbenutzer in der Anwendung für das Arbeiten wünscht bzw. welcher Wert generiert wird. Wir sprechen hier nicht von sogenannten „Sonderlocken" aus der Kunden-Wünsch-dir-Was-Wolke. Ziel muss sein, dass der Endbenutzer auf einfache Art und Weise seine Aufgabe erfüllen kann und das ihm somit wiederum ermöglicht, seinen Wert dazu beizutragen.

Eine User-Story ist die kleinste Arbeitseinheit in einem agilen Framework, die ein Endziel aus der Perspektive des Endanwenders darstellt. Anhand dieser „Einheiten" sind somit auch der Arbeitsaufwand und die Timeline zu schätzen. Die User-Storys werden wiederum zu einem Epic zusammengefasst. Das Epic stellt eine Anforderung dar, die jedoch im Umfang zu groß für eine Umsetzung und ebenso zu komplex zur Sprint-Planung ist (Umsetzung Sprint z. B. Scrum-Methode). Mit anderen Worten, ein Epic ist ein Anforderungsdokument, das die umzusetzenden User-Storys beinhaltet.

Der Vorteil, die Anforderungen anhand von User-Storys umzusetzen, liegt auf der Hand. Der Endnutzer teilt die notwendigen Anforderungen mit und es wird auf den tatsächlichen „Bedarf" hin entwickelt und durchgeführt. Das Entwicklungsteam wird ebenso zur kreativen Lösungsfindung aufgefordert, denn der Weg zum Endziel bleibt diesem Team überlassen. Auch die Motivation bei dieser Vorgehensweise wird hochgehalten, denn nach jeder umgesetzten User-Story wurde ein „Teilerfolg" erzielt und was motiviert einen mehr als Teilerfolge! (siehe Abb. 4.8).

Experten-Tipps

- Sprints, User-Storys u. v. m. können und dürfen auch abseits der Software-Entwicklung zum Einsatz kommen. Seien Sie kreativ!
- Stellen Sie sich die Frage, in welchem Unternehmensbereich, Aufgabenbereich könnten mit User-Storys und Sprints ein Mehrwert generiert werden?
- Zur Erfassung der User-Storys sollten Sie auf Templates zurückgreifen, so garantieren Sie einen einheitlichen Standard und gewährleisten ein entsprechendes Ergebnis.

Anregungen für User-Storys – Fragen, die berücksichtigt werden sollten

- **Beschreibung** des Anwender-Endziels – was soll erreicht werden? Fachbereich, Handlung etc., detaillierte Beschreibung der Aufgaben inkl. Unteraufgaben.
- **Benutzertyp** – wer ist der Benutzer? Gibt es optional unterschiedliche Endbenutzer?

- **Zeitaufwand,** Schätzung der User-Story (wie oben erwähnt)
- Eine User-Story wird gekennzeichnet mit „erledigt", was bedeutet „erledigt" in diesem Zusammenhang? Wie sieht hier die Definition aus, was muss erfüllt sein?
- **Feedback** ist essenziell, dies bedeutet, wenn der User die User-Story verfasst, wird diese am besten noch einmal besprochen.

In jedem Projekt sind Time & Budget wichtige Informations-Größen, hier bedarf es einer entsprechenden Dokumentation. Für eine schnelle Übersicht eignet sich eine visuelle Darstellung des aktuellen Projektstatus. Der Projektstatus ist in der Regel ein Bestandteil eines Projektplanes, dieser ist häufig sehr starr und fest und meist in Wasserfall-Projekten vorzufinden. In agilen Projekten wird häufig ein Mix angewendet, so dass es zu hybriden Ansätzen kommt (Hybrid ist agil und Wasserfall gemixt). Der Projektstatus wird mittels eines Ampelsystems schnell und einfach lesbar dargestellt. Es wird z. B. für den Lenkungsausschuss oder das Managementboard grafisch der Status hinsichtlich Kosten, Timeline, Ressourcen und Budget aufgeführt. Dazu findet eine kurze Erläuterung statt und welche Aufgaben anstehen (siehe Abb. 4.4). Eine andere Möglichkeit, einen Projektstatus innerhalb eines Projektes/einer Projektplanung zu beschreiben, finden Sie in einer weiteren Abbildung (siehe Abb. 4.5).

Eine Systemimplementierung kann anhand eines Leuchtturmprojektes wie z. B. eines ERP-Systems erfolgen, anhand einzelner Systeme oder sogar durch die Harmonisierung der Systeme in einem Unternehmen. Eines bedingt jede Systemimplementierung: eine gute Vorbereitung. Die Digitalisierung vielfältiger Arbeitsabläufe hat, wie schon in vorherigen Kapiteln erwähnt, Einfluss auf das ganze Unternehmen und auch optional auf externe Partner. Haben Sie sich für ein bestimmtes System oder die Harmonisierung entschieden, ist nach der Analyse auch ein guter Plan unumgänglich (siehe Abb. 4.6).

Projektplan – Status - Ampel

Kosten	Termine - Timeline	Ressourcen	Budget

Ampelstatus	Bedeutung	To Do	Action
	Projekt läuft gut, Projektziele und Meilensteine im Plan.	Keine Maßnahmen notwendig
	Projektverlauf weicht vom Plan ab…	Maßnahmen…
	Projektverlauf weicht vom Plan ab, Projektziele sind gefährdet.	Maßnahmen…

Abb. 4.4 Projektplan – Status – Ampel I. (©Sylvia Kern 2023. All Rights Reserved)

Projektplan – Status - Ampel

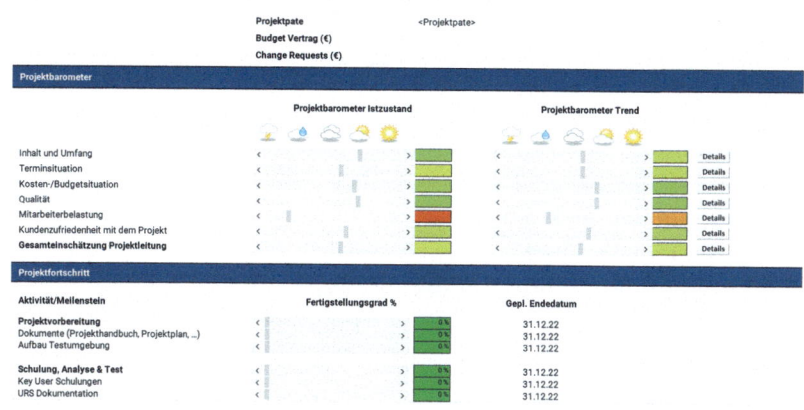

Abb. 4.5 Projektplan – Status – Ampel II. (©Sylvia Kern 2023. All Rights Reserved)

Systemimplementierung | Ablauf

Abb. 4.6 Systemimplementierung Ablauf. (© Sylvia Kern 2023. All Rights Reserved)

Einzelne Schritte bei der Vorgehensweise | Vorab-Checks

- **Projekt-Rahmenbedingungen**
  Häufig fehlen die einfachsten und dennoch wichtigsten Informationen, wie z. B. Ansprechpartner oder eine einheitliche Struktur, wo welche Unterlagen vorzufinden sind. Definieren Sie somit vor dem Start die Rahmenbedingungen, bspw. folgende Punkte:
  - Ansprechpartner intern? – siehe Organigramm Abb. 2.1
  - Ansprechpartner extern? – Systempartner, Businesspartner, Lieferanten, Kunden, freiberufliche Mitarbeiter u. v. m.
  - Kommunikationstool – wie/über welche Wege soll die Kommunikation erfolgen?
  - Ist das Projekt „das Leuchtturmprojekt" oder mit anderen Worten, welche Priorität genießt dieses Projekt?
  - Werden anhand der Projekt-Priorität die entsprechenden Ressourcen zur Verfügung gestellt? Optional freigestellt?
  - Wer betreut das Projekt in der Transformationsphase, Changephase und nach dem GoLive, HyperCare etc.? Auch bitte unabhängig von IT-Systemen benötigt es eine kontinuierliche Begleitung, Transformation ist ein stetiger Prozess.
  - Welche Schnittstellen sind gegeben und welche Ansprechpartner müssen hierbei involviert werden?

- **Projekt-Ziele**

  Die Ziele und der Nutzen stehen immer ganz oben innerhalb eines Projektes, deshalb werde ich nicht müde, immer wieder darauf zurückzukommen. Aufgrund meiner Praxis und meiner Expertise weiß ich, dass das Ziel und der Outcome oft vergessen werden. Umso wichtiger ist es, IMMER das Projekt-Ziel und den gewünschten Outcome „schriftlich" zu fixieren, sehen Sie es auch als „Commitment" im Projekt für alle Beteiligten.
  - Welches Ziel und welcher Outcome sind zu erreichen?
  - Key-User bzw. welche Anwendergruppen gibt es? Welche Anforderungen, Ziele und Bedürfnisse weisen diese auf?
  - Welche Hürden, Herausforderungen könnten auftreten?
  - Konflikte, Sorgen, Ängste – welche könnten sich ergeben? Transformation greift tief ein und rührt an so manchem Glaubenssatz und vielem mehr.

- **Projekt-Ergebnis und Vorgehen**

  Wie im Abschnitt Ziel erwähnt, muss es auch ein definiertes Ergebnis geben. Um dieses Ergebnis erreichen zu können, muss eine Vorgehensweise festgelegt werden.
  - Anforderungen, „Teilergebnisse" z. B. mittels User-Storys erfassen (s. Abb. 4.8)
  - Testläufe, Testmanagement, Qualitätssicherung sind zu planen
  - Schulungen der Anwender, aber auch der jeweiligen Führungskräfte, die z. B. einen bestimmten Zugriff erhalten sollen; wichtig hierbei ist, ein „Schulungskonzept" zu entwickeln
  - Während des Projektes „Feedbackschleifen" einbauen, um das Ergebnis in der Timeline zu erreichen
  - Projektzyklus und entsprechende Begleitung gewährleisten – Support & Co.

Einzelne Schritte im Ablauf

- **Termin & Zeitplan**

  Legen Sie einen Termin „GoLive" fest, halten Sie diesen ein wenig „straff" und erstellen Sie einen realistischen Zeitplan zur Umsetzung.

Planen Sie genügend Puffer ein. In der Grafik sehen Sie, dass immer wieder auf Retros und Kommunikation hingewiesen wird. In der agilen Welt heißt dies, schnelle Erfolge sichern, kurze Wege, dies bedeutet, dass jedoch ein MEHR an Kommunikation und Rückmeldungen zu erfolgen hat.

- **Timeline & Deadline**
  Ohne Timelines und Deadlines kein Resultat. Greift man beispielsweise in der agilen Entwicklung auf Scrum zurück, besagt der Scrum Guide, dass für die Umsetzung eines Sprints in der Regel eine Woche bis ein Monat anzusetzen ist. Sie können hier Ihre eigenen „Regeln und Timelines" finden, nur ist es wichtig, dass es zur Umsetzung ein Regelwerk gibt und wenn hier auf eine bereits vorhandene Methode zurückgegriffen wird, besteht hier schon einmal ein gleiches Wissens-Level.

- **Planung**
  Ein gesundes Maß an Planung ist für den Outcome und auch für die Beteiligten ein Erfolgsgarant. Ich spreche hierbei wie immer nicht von einer „Überdokumentation", aber so manche Umsetzung on the fly (im laufenden Betrieb) hat schon so manchen Crash verursacht. Auch für die Planung gilt, kurze Steps und Abstimmungsrunden mit klarer Zielvorgabe in den Abstimmungsrunden sorgen für ein Ergebnis!

- **Lösung**
  Entwicklung einer zur Zielerreichung notwendigen Lösung. Diese Abläufe finden nicht nur für eine Systemimplementierung Anwendung, für jede Veränderung ist diese Vorgehensweise, je nach Tiefe, sinnvoll. Um auf eine gute Lösung zu kommen, sind verschiedene Sichtweisen (wie ebenfalls mehrfach erwähnt) hilfreich, aber halten Sie auch hier Maß, zu viel des Guten ist ebenso zur Lösungsfindung schädlich.

- **Umsetzung und Action!**
  Ohne Umsetzung keine Zielerreichung. Hierfür gilt: Kommen Sie schnell in die Umsetzung, setzen Sie auf kurze Einheiten, Sprints, Intervalle, um ein Ergebnis, Teilergebnis schnell zu erreichen, auf das

Projektplan - Ausschnitt

Nr.	PSP-Code	Vorgangsname	Ampel (Fortschritt)	Arbeit	Dauer
48	4	**Akzeptanztest**		0 Std.	24 Std.?
49	4.1	Validierungs- und Produktivsystem aufsetzen		0 Std.	1 Tag?
50	4.2	Akzeptanztestpläne erstellen		0 Std.	1 Tag?
51	4.3	Akzeptanztests durchführen		0 Std.	1 Tag?
52	4.4	Akzeptanztests abschließen		0 Std.	1 Tag?
53	5	**Echtstart & Abnahme**		0 Std.	48 Std.?
54	5.1	**Echtstartvorbereitung**		0 Std.	8 Std.?
55	5.1.1	Validierungsbericht / Echtstartbereitschaftserklärng		0 Std.	1 Tag?
56	5.1.2	Echtstartplan		0 Std.	8 Std.?
57	5.1.3	Schulung Enduser		0 Std.	8 Std.?
58	5.1.4	Einsatzplanung		0 Std.	8 Std.?
59	5.2	**Datenmigration**		0 Std.	16 Std.?
60	5.2.1	Datenübernahme Stammdaten		0 Std.	1 Tag?
61	5.2.2	Datenübernahme Belege		0 Std.	1 Tag?
62	5.2.3	Datenübernahme Bewegungsdaten		0 Std.	8 Std.?
63	5.3	Echtstart-Unterstützung beim Kunden		0 Std.	1 Tag?
64	5.4	Echtstartnachbetreuung		0 Std.	8 Std.?
65	5.5	Abnahme		0 Std.	1 Tag?
66	6	**Kundenbetreuung & Wartung**		0 Std.	8 Std.?
67	6.1	Überführung in die Kundenbetreuung		0 Std.	8 Std.?
68	7	**Projektmanagement**		0 Std.	88 Std.?
69	7.1	*Laufendes Projektmanagement*		0 Std.	40 Std.?
70	7.1.1	Projekt-/Ressourcenplanung		0 Std.	1 Tag?
71	7.1.2	Projekt-Budgetierung		0 Std.	1 Tag?
72	7.1.3	Projekt-Controlling u. Status-Reporting		0 Std.	1 Tag?
73	7.1.4	Techn. Proj.-Man. (Obj.-auslief., Abgleiche, etc.)		0 Std.	1 Tag?
74	7.1.5	Sonstiges Projektmanagement (Tel., etc.)		0 Std.	1 Tag?
75	7.2	*Projektbesprechungen*		0 Std.	32 Std.?
76	7.2.1	Projektleiter-Meetings		0 Std.	1 Tag?
77	7.2.2	Lenkungsausschuss-Meetings		0 Std.	1 Tag?
78	7.2.3	Interne Projekt-Meetings		0 Std.	1 Tag?
79	7.2.4	Dokumentation Projektbesprechungen		0 Std.	1 Tag?

Legend:

Vorgang	Externer Meilenstein	Manueller Sammelrollup
Unterbrechung	Inaktiver Vorgang	Manueller Sammelvorgang
Meilenstein	Inaktiver Meilenstein	Nur Anfang
Sammelvorgang	Inaktiver Sammelvorgang	Nur Ende
Projektsammelvorgang	Manueller Vorgang	In Arbeit
Externe Vorgänge	Nur Dauer	Stichtag

Projekt: Projektplan
Datum: Mit 19.01.22

Abb. 4.7 Projektplan – Ausschnitt.

dann wiederum aufgebaut werden kann. Siehe auch MVP – Prototyping „Fail Fast, Fail Forward", Abb. 2.12.

Ein Projektplan, egal ob klassisch, agil oder hybrid, muss auf der To-Do-Liste für ein Projekt, insbesondere ein Transformationsprojekt stehen. Viele kleinere oder mittelständische Unternehmen vernachlässigen diesen und erkennen im Laufe des Projektes, dass ein gewisser Plan im Rahmen der Digitalisierung und der Transformation unerlässlich ist (siehe Abb. 4.7).

Was beinhaltet ein üblicher Projektplan?

- **Projektstrukturplan**
  Der Projektplan s. Abb. 4.7 ist eine vollumfängliche hierarchische Darstellung aller Aufgaben eines Projektes. Zusätzlich können hier z. B. grafische Darstellungen verwendet werden, ebenso erfolgt die

Umsetzung in der agilen Entwicklung im Laufe des Projektes mit einem Kanban Board, das z. B. über ein Projektmanagementtool wie Jira umgesetzt werden kann.

- **Ablaufplan – Roadmap** s. Abb. 2.10
Der Ablaufplan beinhaltet die geplanten sachlichen und zeitlichen Themen innerhalb des Projektes, Abhängigkeiten werden/sind ebenso zu berücksichtigen.
- **Kostenplan – Budgetplan**
Time & Budget heißt es immer in den Projekten. In der Kostenplanung werden die Kosten zur entsprechenden Timeline erfasst.
- **Ressourcenplan**
Ein Projekt steht und fällt mit den entsprechenden Ressourcen, somit sind diese zu planen. Wer und was wird zu welchem Zeitfenster benötigt, wie ist der Bedarf, um den Ablauf des Projektes und dessen Umsetzung zum Endergebnis hin zu gewährleisten.

Warum scheitern so viele Projekte? Was sagt Forbes?

Nicht nur ich kann dies bestätigen: Viele Projekte scheitern an mangelnder Planung, Kommunikation, Commitment, Testing & Support, ebenso an Begleitung während und nach dem Projekt, Change oder Transformation.

Zur Untermauerung dieser Feststellungen möchte ich mit Ihnen gerne die Inhalte eines Forbes-Artikels (2016) teilen:

Laut Forbes scheitern 25 % der Technologieprojekte vollumfänglich, 20–25 % zeigen keinen Return on Invest und 50 % der Projekte müssen nach Abschluss des Projektes massiv überarbeitet werden. Alle diese Angaben kann ich aufgrund meiner 20-jährigen IT-Erfahrung nur bestätigen.

Wenn wir dies erkennen, gibt es auch Lösungen und Wege, wie es gelingen kann, Projekte erfolgreich abzuschließen und die Erfolgsquote zu erhöhen. Auch im Forbes-Artikel wird darauf hingewiesen, dass die Projekte nicht an der Technologie scheitern, sondern auf schlechtes Management zurückzuführen sind. 54 % werden hier aufgeführt und nur 3 % der Projekte scheitern an der Technologie.

User-Storys | Requirements - Ausschnitt

		geklärt ob wir diese wirklich in NAV benötigen	Details TBD	Kern ext.		
Do you have intercompany Transactions? If so, what are the typical ones?	Haben Sie Intercompany-Transaktionen? Wenn ja, was sind die typischen?	Ja	Kosten werden verrechnet = Standard	Sylvia Kern ext.		Info Ch
Expansion plans within 6-12 months?	Haben Sie Expansionspläne innerhalb der nächsten 6-12 Monate?	Nein				
Which currencies do you operate in (this includes transactions for both purchase and sales)?	In welchen Währungen buchen Sie (dies schließt Transaktionen sowohl für den Einkauf als auch für den Verkauf ein)?	EUR, US-Dollar etc.	Wärhungen - SetUp und LZB Währungen "UpDate"	Sylvia Kern ext.		mit Fib
What integrations are you looking for with MS BC? (Phase 1, 2..?)	Welche Integrationen suchen Sie mit ERP MS BC? (Phase 1, 2...?)	Fibu, Einkauf, Verkauf, optional Kore/Controlling,..	TBD	Sylvia Kern ext.		Details
Which and how many banks do you have for payment transactions?	Welche und wieviele Banken haben sie für den Zahlungsverkehr?	Ja - eine Vielzahl - Bankimport wird aktuell bereits durchgeführt, vermutlich STA-Datei/MT940 (Aquinet) und OP-Plus MS BC Zusatztool	Bankimport SetUp, Migration BK-Konten	Sylvia Kern ext.		ausfüh
Current Challenges / Pain Points	**Aktuelle Herausforderungen / Schmerzpunkte**	**Answer | Antwort**				
Can you provide a list of your biggest challenges on your current system architecture?	Können Sie die größten Herausforderungen für Ihre aktuelle Situation beschreiben?					
CRM / Lead to Quote	**CRM / Lead bis Angebot**	**Answer | Antwort**				
Can you describe the process from received enquiry to sales order?	Können Sie den Prozess von der eingegangenen Anfrage bis zum Kundenauftrag beschreiben?					
How do you capture leads? (Is there any integration between your systems and	Wie erfassen Sie Leads? (Gibt es eine Integration zwischen Ihren Systemen und					
Do you pay commissions to your sales team or partners?	Zahlen Sie Provisionen an Ihr Vertriebsteam oder Ihre Partner?					
Accounts Receivable / Sales Order To Cash	**Debitorenbuchhaltung / Kundenauftrag bis Zahlung**	**Answer | Antwort**				
What are your different revenue streams?	Was sind Ihre verschiedenen Umsatzerlöse?					
Could you walk me through your process from when a Sales Order is created to Cash is received?	Könnten Sie Ihren Prozess von der Erstellung eines Kundenauftrags bis zum Geldeingang beschreiben?					
What type of offering are you invoice – subscriptions, service, physical item, combination? If a combination, please elaborate	Welche Art von Leistung stellen Sie in Rechnung - Abonnements, Service, physische Artikel, Kombinationen? (Wenn eine Kombination, bitte näher erläutern)					
Project Management	**Projektmanagement**	**Answer | Antwort**				
Could you walk me through your lead to project process?	Können Sie Ihren Lead-to-Projekt-Prozess kurz beschreiben?					
Is an Estimate or SOW involved before the project is created?	Wie oder wo erstellen Sie ein Angbot , bevor das Projekt erstellt wird?					
How many phases do your projects usually have? Are you using a Work Breakdown Structure?	Wie viele Phasen haben Ihre Projekte normalerweise? Verwenden Sie einen Projektstrukturplan (PSP)?					
How are your projects managed? Is there a project manager involved?	Wie werden Ihre Projekte gemanagt? Ist ein Projektmanager beteiligt?					
Are resources allocated? If so, based on what criteria?	Wieviele Projektressourcen haben Sie? Werden Ressourcen zugewiesen? Wenn ja, anhand welcher Kriterien?					
Do you log time to tasks?	Müssen die Mitarbeiter Zeiten erfassen?					
Are timesheets billable back to your clients? If so, how are you currently managing this?	Wie sieht die Projektabrechnung heute bei Ihnen aus? Beschreiben Sie kurz den Prozess Wie stellen Sie Projekte in Rechnung? (T&M, Festpreisprojekte, Meilensteinabrechnung etc.)					

Abb. 4.8 User-Storys | Requirements-Ausschnitt. (©Sylvia Kern 2023. All Rights Reserved)

Welche Gründe sind es dann im Einzelnen? Machen wir den Faktencheck

- **Schlecht definierte oder nicht definierte Ergebnisse**
  Eines der häufigsten Probleme ist ein schlecht definiertes Ziel oder Ergebnis. Ein Unternehmen sagt zum Beispiel, es wolle den Kundenservice verbessern - aber niemand macht sich die Mühe, zu sagen, wie das aussehen soll. Kürzere Anrufzeiten? Weniger Anrufe? Höhere Kundenzufriedenheit? Woher wissen Sie, wann Sie erfolgreich waren? Wenn man es nicht weiß, ist man zum Scheitern verurteilt. Hier verweise ich nochmal auf die Abb. 4.4, 4.5, 4.6, 4.7 und 4.8.
- **Fehlende Führung**
  Allzu oft werden Technologieprojekte als „IT"-Projekte betrachtet und der IT-Abteilung übertragen, unabhängig davon, worum es sich bei dem Projekt eigentlich handelt. Aber damit ein Projekt funktioniert, braucht es eine starke Führung von oben nach unten. Wenn ein Projekt nicht von der obersten Führungsebene und den einzelnen Abteilungsleitern unterstützt wird, ist es schwierig, die Mitarbeiter mit ins Boot zu holen, und es ist schwer zu erkennen, wer die Verantwortung trägt, wenn Führungsfragen auftauchen. Deshalb

ist der Ansatz und die Implementierung des TMOs und des Core-Teams so ein Erfolgsfaktor, siehe Abb. 2.1 sowie Abschn. 1.2 und Kap. 3.

- **Fehlende Verantwortlichkeit**
  Werden Projekte als reine „IT-Projekte" angesehen und ausschließlich der IT-Abteilung überlassen, fehlt die Verantwortung aus den anderen Bereichen. Oft fehlt es auch an der Übersetzung und dem Verständnis zwischen der technischen Seite und der operativen Seite, so dass das gewünschte Ziel mangels Verständigung ebenfalls nicht gelöst werden kann. Aus diesem Grund finden sich alle Interessengruppen und Beteiligte im TMO wieder, wo die Verantwortlichkeiten geregelt sind und werden.
- **Schlechte und unzureichende Kommunikation**
  Kommunikation wird immer wichtiger, auf diese Thematik bin ich bereits mehrfach eingegangen. Es gilt in den Projekten nicht nur die technische Seite zu verstehen, sondern auch die operative (wie vorab erwähnt). Es benötigt manchmal die Übersetzer, die beide Seiten verstehen und hier die Brücken bauen. Auch diese sind im TMO angesiedelt und sorgen für die entsprechende Lösung und Umsetzung und auch für den entsprechenden Support für die Key-User zum Beispiel. Mittels Visualisierungs- oder Storytelling-Fähigkeiten die Herausforderungen zu lösen und transparent zu kommunizieren, das schafft ein gleiches Verständnis.
- **Kein Plan oder Zeitplan**
  Ohne einen klaren Zeitplan und einen Plan mit Fortschrittsmarkierungen kann jedes Projekt (insbesondere aber Technologieprojekte) vom ursprünglichen Weg abkommen und unnötige Schleifen, Umwege nehmen oder in Sackgassen landen. Ein klarer Plan löst dieses Problem, behält alles im Auge, um das Projekt durch das TMO voranzutreiben.
- **Fehlende Benutzertests oder Nichtbeachtung von Feedback**
  Mangelndes Testing kann ich aus meiner Praxis ebenso unterstreichen. Technologieprojekte sind letztlich für Menschen gemacht, nicht für Maschinen. Ein häufiges Problem ist der Mangel an realen Benutzertests vor dem Start. Die Personen, die die Anforderungen umsetzen, wie z. B. Programmierer, sind nicht die Anwender und

können sich in manche Nutzer-Vorstellungen bei noch so gut definierten Requirements oder User-Storys nicht hineinversetzen. In manchen Projekten bin ich in der Praxis dazu übergegangen, Abnahmetests schriftlich zu fixieren.

Wenn Sie diese Impulse und Tipps aus diesem Buch, untermauert durch den Forbes-Artikel, in Ihr Transformationsprojekt einfließen lassen, ist Ihnen Ihr Erfolg im Projekt sicher!

Die detaillierte Beschreibung der User-Storys finden Sie am Anfang des Kapitels. Der Unterschied zwischen User-Story und den Anforderungen liegt darin, dass die User-Story der formulierten Anforderung aus Sicht des Nutzers entspricht. Die Requirements, Anforderungen definieren die fachlichen Akzeptanzkriterien an das Produkt, die Lösung zum Zeitpunkt der Abnahme, welche zu erfüllen sind (siehe Abb. 4.8).

4.7 Methodenkoffer | Mit Vielfalt von Scrum, Kanban & Co. zum Erfolg!

Auf einen vielfältigen Methodenkoffer und Methodenmix zuzugreifen, ist mehr als zu empfehlen. Hierzu gibt es einiges an Fachliteratur oder auch die Internet-Recherche stellt einem genügend Brain-Food zur Verfügung. Ich möchte Ihnen einen gewissen Überblick verschaffen, denn auch hier gilt wieder, jedenfalls ist dies meine Ansicht, seien Sie mutig, kreativ und mixen Sie auch die Methoden.

Warum ist agiles Arbeiten sinnvoll?
Unternehmen und Organisationen, die auf agiles Arbeiten setzen, sind innovativer. Innovationen sichern die Zukunft!

Was bedeutet agiles Arbeiten? Bevor wir in die einzelnen Methoden einsteigen, werfen wir noch einen Blick auf die Begrifflichkeiten Agilität und agiles Arbeiten.

Agilität ist eine bestimmte Haltung, ein entsprechendes Mindset. Verfügen wir über ein agiles Mindset, sind wir schneller, flexibler,

anpassungsfähiger an bestimmte Umstände, gehen Veränderungen proaktiv an.

Die Arbeitsweise von agilem Arbeiten bedeutet, dass anhand
eines agilen Mindsets die Arbeit mit dieser Haltung einhergeht. Dies
bedeutet, wir sind flexibel, streben nach stetigem Lernen, Verbessern,
Optimieren, sind wandlungsfähig und passen uns der Situation
geschickt an. Der Mensch und die Zusammenarbeit haben oberste
Priorität, sie stehen über den Systemen, Prozessen und Tools. Es wird
der Ansatz „Customer Centricity" gelebt, die Kundenzufriedenheit steht
an erster Stelle.

Agile Methoden – warum sind sie sinnvoll? Agile Methoden
sind das Handwerkszeug, das es ermöglicht, ein Unternehmen,
eine Organisation agil zu organisieren. Grundsätzlich basieren diese
Methoden (z. B. SCRUM) auf bestimmten Regeln. Der Vorteil eines
Reglements ist, dass Standards vorhanden sind, die dann für einen
Recruiting-Prozess, eine Teamzusammenstellung abgefragt werden
können. Des Weiteren finden wir sogenannte Prinzipien vor: das „Agile
Manifest". Das ursprüngliche „Agile Manifest" (Agile Manifesto) wurde
2001 von Kent Beck & Ken Schwaber, Jeff Sutherland und weiteren
veröffentlicht und stellt die Basis für agiles Projektmanagement dar.
Dieses besteht aus 4 Werten und 12 Prinzipien. Auch hier ist meine
Sichtweise diese, dass jedes Unternehmen sich die Freiheit heraus-
nehmen sollte, dieses agile Manifest optional zu erweitern, zu verändern
u. v. m. Im Grunde sind es die Leitlinien, wie in einem Unternehmen
die Zusammenarbeit und deren Werte organisiert sind und was gelebt
werden möchte. Der grundsätzliche Sinn der Methode ist es, einem ein
selbstorganisiertes Arbeiten zu ermöglichen. Ebenso ist ein weiteres
Ziel, eine stetige Verbesserung zu erreichen und den Austausch,
die Kommunikation zu fördern. Sinn und Zweck ist ein **iteratives**
Arbeiten, um das gewünschte **Ergebnis** im stetigen **Kundenaustauch**
(Feedback) zu erreichen.

Agile Methode vs. Agile Technik – was ist der Unterschied? Agile
Techniken sind das entsprechende Verfahren, um die agilen Prinzipien
und Werte umzusetzen. Die agilen Methoden sind die Struktur für ein

agiles Projektmanagement, in dem die agilen Techniken angewendet werden.

Die wichtigsten agilen Arbeitsmethoden kurz & knackig

- **Scrum**
  Scrum stellt eine schrittweise Entwicklung, schlanke Prozesse und Feedbackschleifen dar. Ursprünglich wurde es für die Softwareentwicklung (s.o. erläutert) eingesetzt. Ziel ist es, mit Scrum inkrementelles, iteratives Vorgehen zu erzielen. Einzelne, abgeschlossene Sprints werden nacheinander zur endgültigen Produktversion umgesetzt. Die Sprints werden so lange wiederholt, bis das definierte Ergebnis erzielt wurde.
- **Kanban**
  Kanban ist eine Arbeitsmanagementmethode, die aus dem Hause „Toyota" stammt. Ziel ist es, mit der Kanban-Methode die zu erledigenden Arbeiten und die verfügbaren Kapazitäten bestmöglich zu verteilen. Das wichtigste Tool = Technik ist das Kanban-Board. Die Unterteilung des Boards ist in unterschiedliche Phasen gesplittet, jeder Task wird auf einer Karte/Sticky Note erfasst, die dann je nach Bearbeitungsstatuts in den definierten Phasen verschoben wird, bis dieser Task auf „DONE" gesetzt ist.
- **Design Thinking**
  Design Thinking ist eine kreative Methode zur Lösung von komplexen Problemen und zur Entwicklung von Ideen. Diese Methode erlaubt es, neu zu denken und andere Perspektiven einzunehmen – z. B. Six Hats Methode.
- **OKRs**
  OKR (Objectives and Key Results) ist ein Framework, das die Steuerung der unternehmerischen Entwicklung in die strategische Umsetzung gewährleistet. Es ist eine Zielmanagementmethode zur zielgerichteten Mitarbeiterführung und Messung von Ergebniskennzahlen.

Definition von To Do – Doing – Done für Kanban & Co.

Ein Kanban-Board besteht immer aus mindestens 3 Bearbeitungszuständen – To Do, Doing und Done, diese können optional unterteilt werden. Wichtig ist, die Aufgaben am Board zu visualisieren und ein grundsätzliches Verständnis (Regeln) zu schaffen, welche Arbeiten noch anstehen (To Do), welche Aufgaben sich in Arbeit befinden (Doing) und vor allem, wann ein Task abgeschlossen, fertig (Done) ist (siehe Abb. 4.9).

Abb. 4.9 Agile Methode & Arbeitsweise. (Foto von Eden Constantino auf Unsplash, https://unsplash.com/de/fotos/iJg1YzsEfqo)

Was ich Ihnen empfehlen möchte, ist, den Methodenkoffer anzu-wenden, sprich, holen Sie sich entsprechendes Know-how in das TMO-Team und wenden Sie die entsprechenden Methoden auf Ihr Unternehmen sowie auf die entsprechende Aufgabe, Herausforderung an.

Eine ERP-Implementierung wird nicht mit dem empfohlenen Scrum-Sprint von 7 Tagen funktionieren, aber die Logik hinter der Methode ist sehr wohl ein- und umsetzbar, um die gewünschten PS auf die ERP-Straße zu bringen.

Was Sie jedoch grundsätzlich festlegen sollten für Ihr Unternehmen, ist, wie Sie arbeiten wollen, denn danach richtet sich der Einsatz der Methoden.

Methodenkoffer – Experten-Tipps: Agile Techniken & Tools

- **Whiteboards von Mural, Miro & Co.**
  Ein Whiteboard ist eine Tafel (online) oder Schreibtafel, auf der Themen fixiert werden können, um gemeinsam daran zu arbeiten, z. B. mittels Post-its. Anwendungsmöglichkeiten wären z. B. Brainstorming, Workshops, Prozesse visualisieren, Meeting-Protokoll, interaktive Präsentationen, agile Retrospektive u. v. m.
- **Lean Coffee**
  Lean Coffee ist ein lockeres Veranstaltungsformat ohne Teilnahmepflicht, ohne definierte Agenda und ohne strikte Hierarchie. Es ist ein selbstorganisiertes Meeting, die Themen ergeben sich während des Meetings. Ein lockerer Lösungs-Austausch innerhalb der Teilnehmenden, wo aktuell sozusagen der Schuh drückt.
- **Retrospektive**
  Die Retrospektive ist eine Rückschau. In der Retro blicken die Teammitglieder gemeinsam zurück und bewerten die Themen. Was lief gut und was ist schlecht gelaufen? Sinn und Zweck ist es, eine stetige Verbesserung innerhalb der Arbeit, des Projektes etc. zu erreichen. Nur durch eine rückblickende Analyse, warum Themen schiefgelaufen und von den Anforderungen, Erwartungen abgewichen sind, ist eine Verbesserung möglich. Wie im „normalen" Leben auch! Das Leben wird vorwärts gelebt und rückblickend verstanden.
- **Weekly**
  Ein Weekly ist ein Meetingformat, in dem sich das Team, die Beteiligten einmal in der Woche zusammentreffen. Ziel ist es, ein gemeinsames Verständnis für die Aufgaben und deren Status, Fortschritt zu schaffen. Ebenso werden Hindernisse angesprochen und nach Lösungen gesucht, das gemeinsame Ziel zu erreichen. Ein gemeinsamer Austausch und somit eine Förderung der Zusammenarbeit sind dadurch ebenso gegeben. Optional gibt es noch das Daily, das schlicht und ergreifend den gleichen Ansatz verfolgt, jedoch täglich stattfindet.
- **Creative-Hubs**
  Creative-Hubs sind Orte für die kreativen Geister, es sind Orte, an denen sich agile, kreative Akteure zusammenfinden. Diese Creative-Hubs können in einzelnen Unternehmen, Organisationen umgesetzt oder aber auch als Kollektiv verstanden werden, z. B. mit anderen Institutionen, für Austausch, Synergien und um gemeinsam Co-Creativ zu arbeiten.

Agile Methoden können jedoch immer nur zum vollen Einsatz und Erfolg führen, wenn die entsprechende Kultur, der Rahmen gegeben ist. Agiles Arbeiten lebt vom Ausprobieren, Verbessern, iterativem Vorgehen, das bedeutet, dass **Fehler machen erlaubt sein muss, ein Must Have** quasi!

Umsetzungstipps für agiles Arbeiten – Experten-Tipps

- Open-Door-Mentalität
- Sicherer Raum (Fehlerkultur)
- Ausprobieren, Fehler machen erwünscht!

4.8   Kommunikation & Optimierung | Ideen & Inspiration

Kommunikation wird immer wieder unterschätzt und doch weiß ein jeder, dass Projekte, egal in welcher Form, People Business sind. Gerade im Bereich der Digitalisierung, wo die Komplexität zunimmt, ist Kommunikation ein Erfolgsfaktor. Nicht die Systeme scheitern an der Change-Quote. Wir Menschen haben es in der Hand, ob ein Transformationsprojekt gelingt oder nicht. Die agile VUCA-Welt bietet uns, auch im gesellschaftlichen Kontext gesehen, ein enormes persönliches Wachstumspotenzial: vom Egogedöns getriebenem Business zum We-Factor Business-Ansatz.

Wenn mehrere Menschen miteinander agieren und insbesondere, wenn Vielfalt und Vielseitigkeit aufeinandertreffen, sind Konflikte unvermeidbar.

Erkennen Sie daher Konflikte als Chance für Verbesserung an, also als Weiterentwicklungstool und nicht als Show-Stopper. Change- und Transformationsprojekte sollten somit immer auch einen Part an „Kommunikations-Training" – Soft-Skill-Training beinhalten, damit die Konflikte, die entstehen werden, als Booster für den Wandel gesehen werden können.

Experten-Tipps

- Transparente und offene Kommunikation
- Fortschritte auf allen Ebenen kommunizieren
- Vision und Ziele immer im Blick
- Ambitionierte Ziele und Ergebnisse als Motivator nutzen
- Auf kommunikative Begeisterung setzen
- Für Teilhabe am Erfolg sorgen – nach dem Motto „WIR gestalten", wir sind ein Teil davon!
- Gegenseitigen Austausch fördern
- Empathiefähigkeit & Achtsamkeit schulen, um damit das Verständnis füreinander zu fördern

Kommunikationsimpulse & Konfliktmanagement

- Friedemann Schulz von Thun – Sender & Empfänger
- 9 Stufen der Konflikteskalation nach Friedrich Glasl (2020)
- Harvard Konzept – Konflikte & Verhandlungen im Sinne von Win–Win-Situationen lösen
- Persönlichkeitscheck – 4-Farben-Modell | DISG z. B.

4.9 Kreative Formate nutzen & entwickeln | Ideen & Inspirationen

Projekte, die mit Begeisterung kommuniziert und mit kreativen Formaten „promotet" werden, gedeihen einfach besser. Wenn eine Change-Story transportiert und diese immer wieder beworben wird, schafft es Freude, mit dabei zu sein und es schafft Identifikation, ein Teil davon zu sein.

Nutzen Sie hier gerne moderne Formate, seien Sie kreativ und versuchen Sie auch mal, etwas Eigenes auszutesten und schauen Sie, was für Sie und Ihr Unternehmen am besten geeignet ist.

Experten-Impulse

- On Air – eigener Firmen-Radio-Sender mit „News aus dem TMO" – Sie könnten beispielsweise aus Ihrem „Leuchtturmprojekt" regelmäßig eine Nachrichten-/Radio-Show veranstalten.

- Bar Camps – offene Tagung oder Workshop
- Quiz Time – Quiz initiieren
- World-Café – Diskussionsmethode für größere Gruppen; Teilnehmer verteilen sich auf die Tische, diese sind mit einer Papiertischdecke und Stift ausgestattet und ein gemeinsamer Austausch zum Thema findet statt
- Lean Coffee – s. oben
- Creative Hubs – s. oben
- Retros als Daily oder Weekly – s. oben
- Whiteboards einsetzen – s. oben
- Collaboration Tools – s. oben

Agile Methoden abseits von IT gedacht! Beispiel HR und Automobil!

Agiles Arbeiten und ein agiles Mindset berühren die HR auf den unterschiedlichsten Bereichen. In der Transformation nehmen die HR eine tragende Rolle ein, denn sie unterstützen den Wandel, indem sie die Mitarbeiter befähigen, mit Schulungen, Coachings & Support.

Dass die HR selbst auch, oder Personalvermittlungsagenturen mit agilen Methoden ihre internen Projekte pushen können, ist eher noch eine Seltenheit.

Wie können agile Methoden als klassische Personalinstrumente adaptiert werden?

- Scrum bietet die Möglichkeit, die oft langwierigen Prozesse durch die iterative Vorgehensweise zu beschleunigen. Indem Sprints angesetzt und umgesetzt werden, werden Zwischenergebnisse geliefert, die bereits in das operative Tagesgeschäft einfließen können und somit wieder der Prozessoptimierung dienen.
- Sei es im Onboarding, Recruiting, Talent-Management, die agilen Methoden bieten so viel mehr Einsatzmöglichkeiten als man denkt. Die Zauberworte lauten: Kreativität und Tellerrandblick.

Scrum in der Automobilindustrie – geht das?! Check out → BMW-Motorenentwicklung mit Scrum
    (Quelle: https://www.yumpu.com/de/document/read/43766648/agile-prozessplanung-in-der-motoren-scrum-day).

4.10 Go Fast | Create Templates = Structure

Wer sein Business skalieren und freie Kapazitäten schaffen möchte, kommt an gewissen Templates und Strukturen nicht vorbei. Wer die entsprechenden Fachkräfte und deren Kompetenzen zielgerichtet einsetzen möchte, sollte sich im Vorfeld überlegen, für welche Prozesse es sinnvoll ist, Templates zu generieren.

Ein weiterer Vorteil von Templates ist es, den Rahmen festzulegen, was benötigt wird und somit den Outcome zu sichern.

Dies gilt nicht nur z. B. für ERP-Systeme. Nehmen wir das Beispiel HR – Personalabteilung. Wenn ein neuer Mitarbeiter im Unternehmen aufgenommen wird, wird es immer die gleichen Abläufe geben. Ein Onboarding-System inklusive Templates macht diesen Prozess effektiv und effizient.

Ebenso gilt es, sich je nach Unternehmensgröße Standards zu überlegen, für Systemauswahlen, Anforderungslisten, Prozess-Beschreibungen, Change-Requests und vieles mehr.

Anzumerken ist, dass diese Templates an einem zentralen Ort vorzufinden sind. Dieser „Container" wird am besten vom TMO-Core-Team bestimmt und firmenweit kommuniziert.

Wir alle wissen, dass nicht immer jedes Template eins zu eins den aktuellen Bedürfnissen entspricht. Natürlich soll, kann und darf dieses in einem bestimmten Bereich modifiziert werden.

Auch sollten die Templates immer up to date sein, also der Organisation und deren Stand immer wieder angepasst und auch bei Bedarf wieder abgeschafft werden, wenn es nicht mehr sinnvoll erscheint oder kein Outcome gegeben ist.

Template Impulse
- Change-Request
- User-Storys
- Onboarding-Prozess & Template | Abwicklung z. B. über entsprechende Systeme
- Prozessdokumentation & Kurz-Beschreibung | How-to
- Schulungsdokumentation | internes Wiki – notwendige Inhalte festlegen

- Videos nutzen zur Erläuterung – optional
- Stakeholder-Interview Template
- Corporate-Identity-Vorlagen an einem zentralen Ort, inklusive weiterer Informationen, z. B. Schriftarten, Farben, Grafiken etc.

Prozesse zu modellieren, den Verlauf eines Prozesses visuell darzustellen, ist für komplexe Abläufe eine große Erleichterung. Es verschafft einen klaren Blick und ein gutes Verständnis, wie sich der Prozess im Unternehmen darstellt. Wichtig hierbei ist immer, auf die detaillierten Angaben aller Aktivitäten sowie der beteiligten Personen zu achten. Oft werden wichtige Bestandteile eines Prozesses nicht dargestellt, weil man der Ansicht ist, es „wäre nicht kritisch". Im Nachgang stellt sich genau dieser eine Bestandteil, und sei es nur ein E-Mail-Eingang, als genau der Knackpunkt für den entsprechenden Prozess dar. Ein weiteres Argument, die Prozesse darzustellen, ist, den Wertestrom im Unternehmen zu kennen und die Umsetzung im End2End-Ansatz-Gedanken voranzutreiben (siehe Abb. 4.10). Ich verweise gerne auch auf Abschn. 2.7 und Abb. 2.9.

Prozessmodellierung

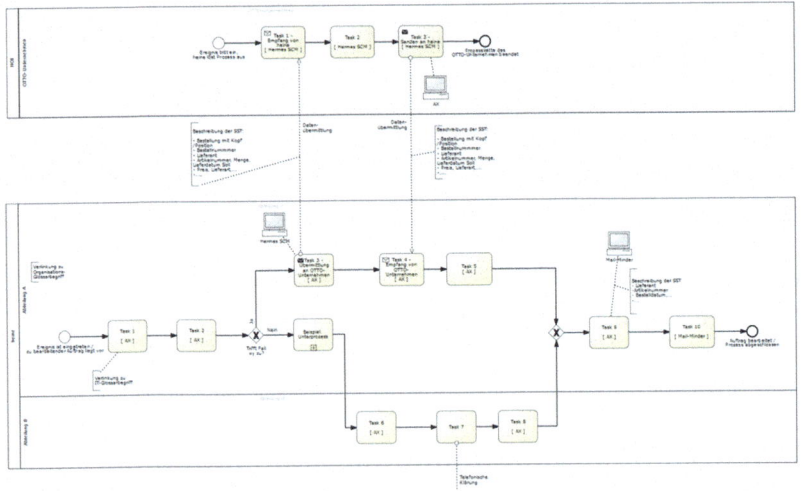

Abb. 4.10 Prozessmodellierung. (© Sylvia Kern 2023. All Rights Reserved)

Ein Change-Request beschreibt eine nachträgliche Änderung einer bereits durchgeführten Änderung an einem Projekt oder Produkt innerhalb eines Projekts. Für einen CR gibt es unterschiedliche formelle Richtlinien, die in einem Transformationskonzept berücksichtigt werden sollten bzw. in Abstimmung z. B. mit dem Systempartner zu treffen sind. Wichtig zu erwähnen ist, dass die Change Requests dokumentiert werden sollten und extra zu kennzeichnen sind. Im Nachgang gilt für alle Projekte die Frage, was an Kosten zusätzlich entstanden ist und hierunter fallen auch die CRs. Für die Systempartner ist das positiv, da es einen On-Top-Umsatz generiert. Für den Kunden wird das Budget strapaziert. Aus diesem Grunde ist der Outcome, die Zielsetzung, was am Ende einer Anforderung bzw. User-Story erzeugt werden soll, so wertvoll. Der im Vorfeld erzeugte optionale Mehraufwand trägt dazu bei, den Aufwand von CRs zu minimieren und somit auch die Verbindungen, Schnittstellen und dadurch notwendigen Mehraufwendungen zu reduzieren! (siehe Abb. 4.11).

Ein Ticket-Tool oder ein ähnliches Projektmanagement-Tool inkl. Fehler-/Problembehandlungsverwaltung ist für eine erfolgreiche Umsetzung von Transformations- und IT-Projekten ein absolutes MUST! Nichts geht verloren, die Themen, Aufgaben inkl. detaillierter Beschreibung sind im System für jeden zugänglich und nachvollziehbar. Die Aufgaben eines Ticket-Tools können unterschiedlich sein, bei

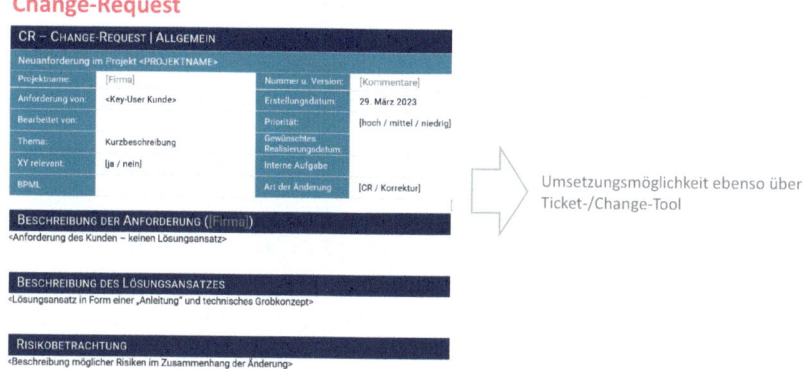

Abb. 4.11 Change-Request. (© Sylvia Kern 2023. All Rights Reserved)

Bild SK Ticket Tools

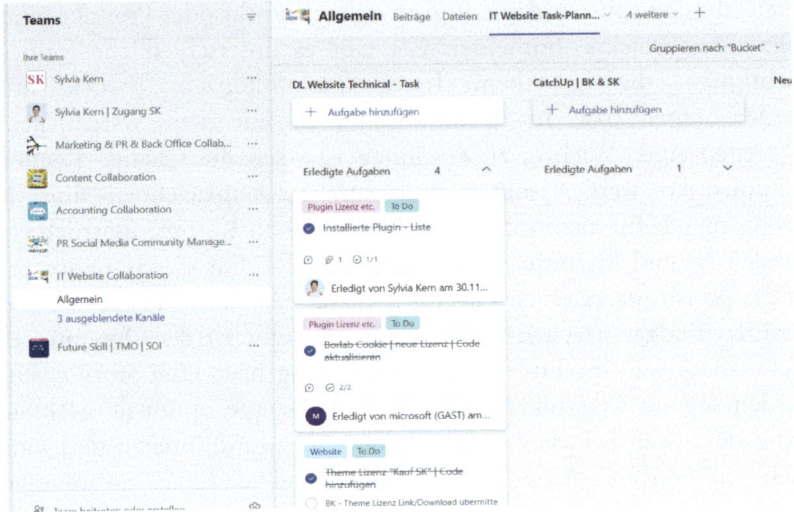

Abb. 4.12 Ticket Tools. (© Sylvia Kern 2023. All Rights Reserved)

einem Transformations- oder Changeprojekt können die einzelnen Anforderungen erfasst, dokumentiert und abgebarbeitet werden. Der Status und wer diesen Task gerade bearbeitet, ist transparent für jeden einsehbar. Ebenso agieren mit Ticket-Tools viele IT-Support-Dienstleister, um Kundenanfragen sofort zu erfassen und den Bearbeitungsstatus dem Kunden z. B. per Mail gleichlautend mitzuteilen. Effektiv, effizient, transparent und nutzenorientiert! Es bieten sich hierfür je nach Projektanforderung, Unternehmensgröße die unterschiedlichsten Systeme und Tools an, von Microsoft Teams über Jira und Co (siehe Abb. 4.12).

4.11 Take support | Use Tools = Structure

Sicherlich können Sie sich an die Anfänge der Corona-Krise erinnern. Viele, ja die meisten Unternehmen waren überfordert, denn von jetzt auf gleich waren die Mitarbeiter nicht mehr im Office greifbar.

Es gab keine Ausstattung für sie, sowohl in der Hardware als auch im Bereich der Software. Notebooks, VPN, Webcam, IT-Sicherheit, Collaboration-Tools und vieles mehr brachten Probleme mit sich. Vor allem die Zusammenarbeit über Systeme wie Zoom oder Teams war für viele neu und stellte eine der größten Herausforderungen da.

Im Bereich der IT sind diese Mittel Daily Business, Videokonferenzen gang und gäbe, denn wie sollte man mit seinem Support-Team in Indien sonst kommunizieren?!

Dies hat neue Möglichkeiten geschaffen, die es nach wie vor zu managen gilt, nicht nur soft- und hardwaremäßig, nein, das Zusammenrücken, die weltweite Vernetzung fordert ein neues Mindset, eine neue Haltung. Die Tools und agilen Methoden sind Mittel zum Zweck – nicht mehr und nicht weniger – aber ein effektives, effizientes Must Have!

Experten-Tipps

* Bevor Sie sich für entsprechende Systeme & Tools entscheiden, prüfen Sie Ihre Ziele und das gewünschte Ergebnis.
* Prüfen Sie ebenso, welche Prozesse, Abläufe Sie über Systeme & Tools abdecken wollen und welche Systeme Ihnen eine All-in-One-Version anbieten. Insbesondere bei ERP und CRM kombiniert mit Social Media und Personal Branding für das eigene Unternehmen gibt es noch „Aufholbedarf".
* Zeitmanagement-Tools, Planung und Wissensmanagement sind wichtige Erfolgstreiber und auch Zeitfresser.

4.12 Collaboration | Microsoft Teams & Co

In Transformationsprojekten sind Kommunikation und Zusammenarbeit wichtige Elemente.

Projekte werden immer komplexer, je mehr Personen und Schnittstellen daran beteiligt sind. Da gilt es, den Überblick zu behalten. Dank der modernen Tools gibt es die Möglichkeit, digital zusammenzuarbeiten und dank Corona (ein Vorteil aus der Krise) haben diese Variante der Zusammenarbeit viele Unternehmen erkannt. Remote-Work ist somit nicht nur in der IT-Welt ein unersetzlicher

Mehrwertfaktor geworden. Viele Unternehmen setzen auf Microsoft Teams und dessen Möglichkeiten. Einheitliche Struktur, gemeinsames Datei-Sharing, chatten, Project-Planner & Co. sind möglich. Wer mehr Tools benötigt: Auch hier gibt es genügend Auswahl auf dem Markt, von Jira, Confluence & Co.

Experten-Tipps
- Wo und wie findet eine zentrale Ablage statt?
- Wer ist im Team? – Team-Organigramm
- Wer hat Zugriff bzw. bekommt Zugriff?
- Projekt Onboarding – Schritte erstellen

- **Arbeiten mit Microsoft Teams**
  - Pro Projekt ein Channel definieren
  - Collaboration-Tool
  - Einheitliche Ablagestruktur festlegen
  - Zugriffe festlegen inkl. externe Partner
- Microsoft Planner für kleinere Projekte

- **Miro, Jira, Confluence & Co.**
  - Je nach Größe des Unternehmens sind entsprechende Projektorga-Tools sinnvoll und ein absolutes Muss.

Die künftige Zusammenarbeit erfordert notwendige Tools und Systeme. Collaboration-Tools umfassen eine Vielzahl von Anwendungen, die einem Unternehmen helfen, die Teamarbeit gegenseitig zu unterstützen und zu fördern, aber auch eine strukturierte Zusammenarbeit und Vorgehensweise zu ermöglichen. Wichtige Anforderungen an ein Collaboration-Tool sind, dass der Informationsfluss zentral gesteuert werden kann und dies sowohl in- als auch extern. Das bedeutet, dass auch externen Partnern der Zugang zum Collaboration-Tool ermöglicht werden kann/muss. Es muss die Möglichkeit aufzeigen, Aufgaben, Projekte, Unterlagen, die ein Projekt betreffen, einfach zu verwalten. Der Austausch mittels Chats, Videocall und dergleichen sind leicht umsetzbar – hier wurden während der Corona-Krise viele Unternehmen auf den Kopf gestellt und sind nun auch hier für Remote-Work optimal ausgerüstet, auch über Grenzen hinweg. Innerhalb eines Trans-

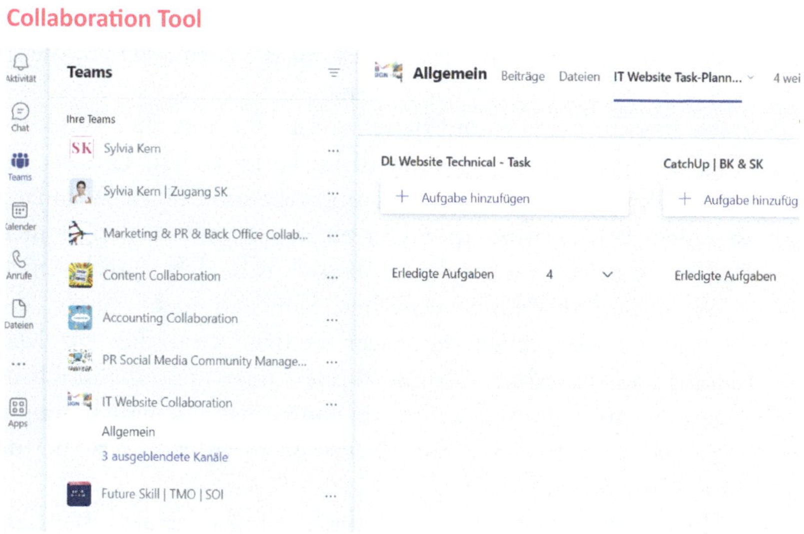

Collaboration Tool

Abb. 4.13 Collaboration Tool. (© Sylvia Kern 2023. All Rights Reserved)

formationsprojektes ist ein Collaboration-Tool unerlässlich und sollte vor Start bereits zur Verfügung stehen. User sollten schon vorab notwendiges Know-how besitzen und auch eine bereits definierte Ordner-Struktur sollte im Unternehmen bekannt sein. Hier wären sicherlich auch gewisse Richtlinien (Guidelines) angebracht. Dies erleichtert das Projekt-Onboarding für interne Projektbeteiligte. Ein weiterer Vorteil ist das Budget – die Kosten. Durch Collaboration-Tools fallen die bisherigen Reisekosten für IT-Dienstleistung und Unternehmensberatung sowie Change-/Transformationsberatung um ein vielfaches geringer aus (siehe Abb. 4.13).

4.13 SMART und simple über die ALPEN | Selbstorganisation

Tools und Systeme sowie agile Arbeitsmethoden sind die Erfolgs-Tools, doch will auch das Daily Business gut gemanagt werden.

Es ist keine Gängelei, wenn Sie einheitliche Standards festlegen, es ist dem Ergebnis dienlich und oft sind es nur die Kleinigkeiten, die für Erleichterung und mehr Outcome sorgen.

Beispiele hierfür: E-Mails und Betreffzeilen. Wie einfacher und klarer könnte es sein, wenn sie eine einheitliche Form finden. Dies ist mir persönlich während der Pandemiezeit und den unzähligen Webinaren bewusst aufgefallen. Datum und Uhrzeit waren oft im Betreff nicht vorzufinden, das war mehr als unübersichtlich. Ich spreche nicht gleich von einer DIN-Norm, verstehen Sie mich nicht falsch, aber wenn bestimmte Regelungen festgelegt werden, sorgt dies für Klarheit – ähnlich wie bei einer Anrede, ob Herr oder Frau, die durch die Globalisierung nicht immer sofort erkennbar ist. Sicherlich gibt es die Möglichkeit, zu googeln. Einfacher wäre es jedoch, z. B. bei der Signatur ein Bild oder Herr/Frau etc. hinzuzufügen.

Die Menschen sind unterschiedlich, nicht jeder hat das Selbstorganisations- und Unternehmertum-Gen in sich, sprich, hier muss Support gewährleistet werden und das geht am besten mit Beispielen und Vorleben.

Stimmen Sie sich wöchentlich ab? Prüfen Sie Ihre Termine für die Folgewoche mit Ihrem Team? Situationen ändern sich, was heute aktuell ist, kann kommende Woche ganz anders sein und hier gilt es, aktiv zu lenken, zu steuern und zu handeln.

Sehen Sie das TMO als „kontinuierlichen KVP-Motivator" (Kontinuierlicher-Verbesserungs-Prozess) an!

Experten-Tipps

- E-Mail-Betreff für Termine zwecks besserer Übersichtlichkeit vorgeben
- Weekly – was steht an, kurz-, mittel- und langfristig, wo ist ggf. Handlungsbedarf
- Kurze Trainings für Organisation, Zeitmanagement & Co.

Experten-Methoden, Ideen

Eine Methode zur Selbstorganisation bzw. zum Selbstmanagement stellt die ALPEN-Methode dar. Nachdem sich die Transformation wie eine

Smart – Alpen - Selbstorga

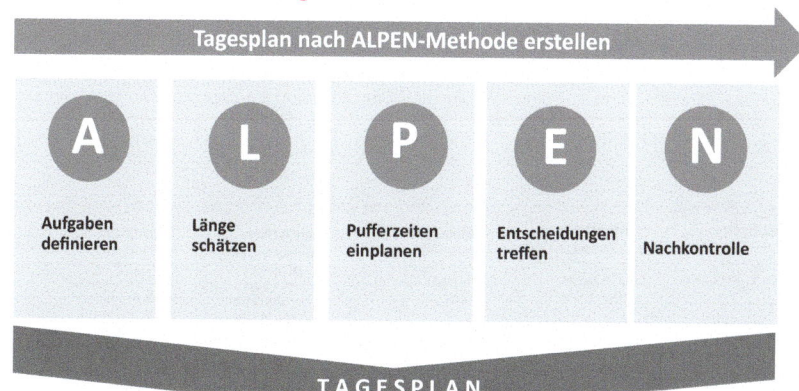

Abb. 4.14 Tagesplan mit der ALPEN-Methode. (©Sylvia Kern 2023. All Rights Reserved)

Bergbesteigung vollzieht, kann die Alpen-Methode Sie hier bzw. die Beteiligten als Impuls weiter unterstützen.

Die Methode ist einfach und lässt sich gut in das Tagesgeschäft einfügen. Die Tagesaufgaben werden schriftlich erfasst, eine Timeline wird festgelegt, ein Puffer wird eingeplant, Entscheidungen sind zu treffen und eine Nachkontrolle ist ebenso inkludiert. Die Methode dient somit der Optimierung der eigenen Arbeit, der Tagesplanung (siehe Abb. 4.14).

Aufgesplittet sieht das wie folgt aus:

- A steht für aufschreiben
- L steht für Länge/Timeline einschätzen
- P steht für entsprechende Pufferzeit einplanen
- E steht für Entscheidungen sind zu priorisieren
- N steht für Nachkontrolle

Mit der SMART-Methode können Sie Ziele richtig setzen und erreichen und Ihren Werkzeugkasten zur Zielrealisierung erweitern. Denn ohne Zielsetzung kein Erfolg. Mit der SMART-Methode

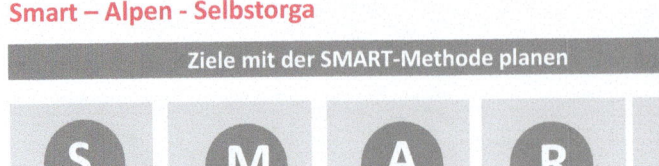

Abb. 4.15 Ziele mit der SMART-Methode. (© Sylvia Kern 2023. All Rights Reserved)

formulieren Sie Ihre Ziele. Hilfreich zur Zielformulierung sind sogenannte W-Fragen: Warum, Wieso, Weshalb, Wer, Wo, Wie ist das Ziel zu erreichen (siehe Abb. 4.15):

- **Spezifisch:** Definieren Sie Ihr Ziel so genau wie möglich. Keine Verallgemeinerung, um Unklarheiten zu vermeiden. Zielstrebigkeit benötigt eine klare Ansage. Ein Beispiel hierfür könnte sein, „in 12 Monaten möchte ich den Umsatz auf XY erhöht haben".
- **Messbar**: Ziele und deren Erreichung müssen messbar sein, um in der Reflexion prüfen zu können, ob das Ziel erreicht wurde und optional, was geschärft, verändert etc. werden darf.
- **Attraktiv**: Damit wir Ziele verfolgen und somit eine gewisse Anstrengung dafür erbringen, muss das Ziel attraktiv genug sein, dass wir die Herausforderung annehmen. Welches Motiv steckt hinter dem Ziel? Eine Vision, Mission etc. lassen das Herz und somit die Attraktivität des Ziels und einhergehend auch den Erfolg in greifbare Nähe rücken. Denn Durststrecken wollen und müssen für die Erreichung von Zielen und Veränderungen gemeistert werden. Und wenn das Ziel den Faktor „Leidenschaft" beinhaltet, wird es auch erreicht werden, das gewünschte Ziel!

- **Realistisch**: Ich persönlich bin ein Freund von „Think Big"! Denn ich bin der Ansicht, wenn ich mir keine großen Ziele stecke, verschenke ich mein Potenzial. Dennoch ist es wichtig, auch realistisch zu denken. Das Ziel darf grundsätzlich GROSS sein, aber gerne mit Teilschritten. Der Ansporn darf durch utopische Ziele nicht erstickt werden.
- **Terminiert**: Damit ein Ziel auch erreicht wird und erreicht werden kann, benötigt es einen zeitlichen Rahmen. Die Timeline dient als Ansporn, aber auch als Kontrollfunktion. Für manche Big-Think(g)s ist wie erwähnt ein Teilziel und somit eine Teil-Deadline sinnvoll.

Eine weitere grafische Darstellung der Selbstorganisation bzw. des Selbstmanagements finden Sie in Abb. 4.16 als Inspiration. Sie können diese Grafik mit Ihren Zielen und Aufgaben ergänzen und als Motivation z. B. an Ihr Whiteboard oder in Ihrem Outlook als Daily Reminder hinterlegen.

Selbstorga-/Management

Abb. 4.16 Selbstorga. (© Sylvia Kern 2023. All Rights Reserved)

4.14 TMO-Update-Party | Marshmallow, Begeisterung, Durchhalten!

Wenn Sie sich einer Herausforderung stellen, welche Rahmenbedingungen müssen gegeben sein, um „durchzuhalten"? Wenn die Antwort lauten würde, „es ist mein Job", dann ist dies nicht die Motivation, die einen so manche Hürde erklimmen lässt.

Hürden, Stolpersteine und ja, auch mal Schmerzen und Leid zu ertragen, schaffen wir nur, wenn wir ein Ziel, ein Warum für etwas haben. Dieses Must Have haben wir schon erläutert.

Nun geht es ans Durchhalten, Motivation, Willensstärke und vieles mehr. Teilziele und Teilerfolge zu kommunizieren, sind wie der Marshmallow-Effekt. Es geht darum, die Willensstärke aufzubringen für die „Belohnung", auf das Endergebnis warten zu können, sprich: am Ball zu bleiben, bis das gewünschte Ziel erreicht ist.

Dies erfordert Selbstkontrolle, Disziplin, Willensstärke und auch Resilienz. Dass diese Skills trainiert werden müssen, künftiger noch mehr denn je, ist, denke ich, jedem Einzelnen klar. Insofern bedarf es der Notwendigkeit, kontinuierliche Skill-Erweiterungs-Trainings zu etablieren.

Was jedoch unschlagbar ist, ist „BEGEISTERUNG", wie anfangs bereits erwähnt.

Stellen Sie sich vor, Sie unternehmen eine Alpenüberquerung. Die Füße schmerzen, blutige Blasen begleiten Sie auf der Bergtour. Die Alpenüberquerung machen Sie jedoch nicht allein, sondern gemeinsam im Team. Der Bergführer motiviert, inspiriert, berichtet vielleicht von seinen Erlebnissen, hält Sie bei Laune und bei der Stange und schildert Ihnen mit Begeisterung, „wie Sie sich fühlen werden, wenn Sie am Ziel angekommen sind und dort eine Wellness-Oase mit einem vorzüglichen Essen und vielem mehr auf Sie wartet".

Begeistern Sie Ihre Mitarbeiter, Ihre Transformationsbeteiligten und schaffen Sie dadurch einen We-Factor. Machen Sie eine **Live-Schalte vom TMO-Team, „TMO on Air", Top News, was erreicht wurde, und bitte mit Fun-Factor! Arbeit darf Spaß** machen und Erfolge dürfen und müssen gefeiert werden!

Experten-Tipp & Reflexion

- Durchzuhalten, niemals aufzugeben ist eine der wichtigsten Eigenschaften für Projekt- und Transformationserfolge. Überlegen Sie sich doch einige „Durchhalte-Strategien" oder geben Sie den Ball an Ihre Mitarbeiter, was diese zum „Durchhalten" benötigen, und lassen das einfließen.
- Seien Sie mutig und kreativ und begeistern Sie. Müde Geister wollen geweckt werden!
- Wie viel „Richard Branson-Begeisterungs-Gen" steckt in Ihnen?

5

TMO | The first Mover-Act

Zusammenfassung Der Start kündigt sich an, das Pilotprojekt ist ausgewählt und der berühmte Kick-Off steht an. Hierzu erhalten Sie Tipps und Tricks, wie Sie diese erste Hürde am sinnvollsten, am gewinnbringendsten und am überzeugendsten etablieren. Sie befinden sich sozusagen auf der Bühne, auf dem Laufsteg und jetzt muss mehr als 100 % gegeben werden, denn je mehr „Follower" Sie gewinnen können, desto besser ist dies für Ihr Unternehmen oder Ihre Organisation. Sie erhalten Fragen und Impulse, um Ihre Unternehmenstransformation zu einem **Erlebnis** zu machen.

Der Start des TMO mit dem ersten Projekt, dem Leuchtturmprojekt, will wohl überlegt sein. Wenn Sie nun denken, „dann machen wir mal", rate ich Ihnen davon ab. Einfach mal machen und umsetzen ist gut und wichtig, aber eine gute Strategie und Zielorientierung sind die halbe Miete (siehe Kapitel Analyse).

© Der/die Autor(en), exklusiv lizenziert an Springer-Verlag GmbH, DE, ein Teil von
Springer Nature 2023
S. Kern, *Das Transformation-Management-Office – Die Basis*,
https://doi.org/10.1007/978-3-662-68082-7_5

5.1 TMO-Kick-off | Lassen Sie sich etwas einfallen!

Darf es ein bisschen mehr sein?! Das TMO und das Leuchtturm-projekt in einem Event vorzustellen, hat eine wichtige Botschaft: Es handelt sich nämlich nicht nur um ein Projekt, sondern um eine Transformation des Unternehmens. Ähnlich wie mit einer Alpenüber-querung, ist dies ein einschneidendes Erlebnis, das die Zukunft eines jeden verändern, beeinflussen wird.

Die Vorstellungen, Geschmäcker sind sicherlich verschieden und auch von der Unternehmensgröße abhängig, aber etwas Besonderes sollte es sein, um auch die Wertigkeit und Wichtigkeit zu transportieren.

Experten-Fragen
- Wer sind die Stakeholder?
- Was wollen Sie transportieren und welche Ziele möchten Sie erreichen?
- Wie hoch ist Ihr Kick-off-Budget?
- In welchem Rahmen, auch innerhalb des Unternehmens, darf und soll dieser Kick-off stattfinden, um was zu bewirken? (externe Locations)
- Welchen „nachhaltigen" Eindruck möchten Sie hinterlassen?

Experten-Beispiele
- Townhall-Meeting
- TMO Valuetainment – transportieren Sie Ihre Transformation, untermauert mit Musik, „Music – the power of transformation"
- Barcamp-Impulse miteinbauen
- Starten Sie eine Firmenumfrage und binden Sie Ihre Mitarbeiter ein, wie sie sich ein solches Event wünschen würden – das schafft weitere Identifikation.
- Creative Hub und Verlosung – legen Sie für das TMO-Event ein Motto fest und lassen Sie Ihre Mitarbeiter kreativ werden, indem sie diese einen „Zukunfts-Unternehmens-MVP" erstellen lassen, mit z. B. Lego Serious Play. Die besten 3 werden mit Vision und Idee vorgestellt.

Experten-Kick-off-Checkliste
- Projektsteckbrief erstellen
- Fragen zu Kick-off und Projekt:
  - Warum
  - Was
  - Wann
  - Wer
  - Wie

Ein Kick-off-Meeting wird in der Regel zum Projektstart angesetzt. Ziel ist es, das Thema, Projekt allen Beteiligten vorzustellen und sich gegenseitig kennenzulernen. Es werden Details kommuniziert, wie Ziele, Meilensteine, Timelines, Projektbeteiligte und vieles mehr. Ein ganz wichtiger Faktor ist, ein allgemeines Verständnis zu schaffen, WARUM dieses Projekt notwendig ist, um somit auch die Offenheit, den Willen und die Rückendeckung von so vielen wie möglich zu erhalten. Da der Kick-off-Termin ein wichtiger Meilenstein für das entsprechende Projekt ist, sollte dieser Termin nicht dem Zufall überlassen werden. Das bedeutet somit: Planung! Planen Sie Ihren Kick-off. Je wichtiger das jeweilige Projekt, desto mehr Aufwand und Planung sollten Sie dafür verwenden – der erste Eindruck zählt – auch in Projekten. Überlegen Sie, was Ihr Ziel ist, außer das Projekt vorzustellen. Machen Sie sich Gedanken über die Beteiligten, wie Sie diese optional im Kick-off integrieren können. Wer mitgestalten darf, ist auch gerne mit dabei und wird zum Unterstützer.

Aus meiner Projekterfahrung heraus kann ich sagen, dass viel zu wenig darauf Wert gelegt wird, wie ein Kick-off umgesetzt werden soll. Sicherlich ist das jeweilige Projekt und dessen Priorität ausschlaggebend, aber wir kommunizieren hier Transformationsprojekte, sprich, diese sollten oberste Priorität genießen.

Verzichten Sie auf die reine Powerpoint-Schlacht-Präsentation und werden Sie kreativ. Befragen Sie optional die Beteiligten nach Ideen, wer beim Rucksackpacken dabei ist. Wer mitentscheiden darf, was alles eingepackt werden muss, ist gerne auch bereit, die ein oder andere Anstrengung in Kauf zu nehmen! (siehe Abb. 5.1).

Kick-Off

LOCATION			DATE	TIME
MEETING / PROJECT NAME			MINUTES PREPARED BY	

1. ATTENDEES PRESENT				
NAME	ROLL IN PROJECT	EMAIL	PHONE	

2. AGENDA ITEMS	NOTES	OWNER / PRESENTED BY	TIME ALLOCATED
INTRODUCTION			
GROUND RULES			
PROJECT PURPOSE			
PROJECT OBJECTIVES			
ROLES AND RESPONSIBILITIES			
PROJECT SCHEDULE			
COMMUNICATION PLAN			
ISSUES			
DECISIONS			
OTHER			
OTHER			

3. ACTION ITEMS	TO BE ACTIONED BY	DUE DATE

4. NEXT MEETING *if applicable*		
LOCATION	DATE	TIME
OBJECTIVE OF NEXT MEETING		

Abb. 5.1 Kick-Off Template. (© Sylvia Kern 2023. All Rights Reserved)

5.2 Starten Sie durch! | Rückenwind sichern!

Eines steht fest, der Unternehmenswandel ist kein Sprint und kein reiner Vergnügungspark. Er ist mehr ein Parcours, mit Berg- und Talfahrten, ähnlich dem „üblichen Leben".

Sie werden Erfolge feiern und Sie werden auch schwierige Zeiten erleben. Ich nenne diese jedoch nicht Misserfolge, sondern, auch wenn es unangenehm sein wird, Weiterentwicklungsphasen.

Aus diesem Grund wird ein in sich starkes TMO-Core-Team benötigt, das die hundertprozentige Rückendeckung des Managements hat. Ohne diese Rückendeckung wird es schwierig. Ergebnisse sind mehr als schwer zu erreichen, wenn teilweise sogar unmöglich.

Haben Sie die hundertprozentige Rückendeckung, sichern Sie sich intern Rückenwind, indem Sie weitere Befürworter suchen. Nach Ihrem gelungenen TMO-Kick-off erhalten Sie Rückmeldungen. Prüfen Sie das Feedback genau und picken Sie sich Ihre „FANS" raus, scharren Sie diese um sich und pflegen Sie diese Kontakte.

> Wer ernten will, muss zuerst bestellen, säen, pflegen, hegen!

Experten-Tipp

Follower & Fans gewinnen für den Wandel und als Multiplikator einsetzen, dann gelingt der Wandel!

6

Die ersten 100 Tage – Quick-Win-Planung

Zusammenfassung Wenn Sie eine neue Position antreten, sind die ersten 100 Tage ausschlaggebend, genauso sollten Sie die Transformation betrachten. Was könnten Sie tun, um schnelle Ergebnisse liefern zu können? Wer könnte Ihnen hierbei im Unternehmen, der Organisation als Sparringspartner und Tipp-Geber zur Seite stehen? Was ist zu beachten bei „schnellen" Ergebnissen, damit diese Ihnen nicht optional auf die Füße fallen, sondern Ihnen die Start-Stärkung sichern. Schnelle Erfolge sichern die Position, das Projekt und sind Booster für den Unternehmenswandel. So ist es mehr als geschickt, wenn Sie Ihre ersten Ziele mit Quick-Wins planen. Untermauern Sie Ihre schnellen Ergebnisse mit einem entsprechenden Skill-Set. Unvorhersehbares kann nur mit den unterschiedlichsten Skill-Kompetenzen gelöst werden, auch hier sind Transformation und Upgrade angesagt.

S. Kern, *Das Transformation-Management-Office – Die Basis*, https://doi.org/10.1007/978-3-662-68082-7_6

6.1 Quick-Win-Planung

Für die entsprechende Auswahl fragen Sie doch am besten an der „Front
" nach. In meinen Projekten habe ich immer von den Mitarbeitern die
Aussage vernommen: „Wir wurden ja nicht gefragt".

Also holen Sie dies hier ebenfalls nach. Kaum ein Mitarbeiter,
der wirkliches Interesse am Unternehmen hat, ist begeistert von
Arbeitsbeschaffungsmaßnahmen. Fragen Sie Ihre Mitarbeiter, wo der
Schuh drückt, wo mit kleinen Veränderungen ein Mehrwert erzeugt
werden kann.

Vergessen Sie bei allem Veränderungswunsch jedoch nicht, das Risiko
abzuwägen. Veränderung bedeutet, ein gesundes Maß an Risiko einzugehen. Wird das Risiko gescheut, stagniert das Unternehmen und eine
Weiterentwicklung ist nicht möglich.

Berücksichtigen Sie den End2End-Gedanken und das große Ganze.
Ein Vorteil für den Einkauf/das Purchasing hat optionale nachteilige
Auswirkungen auf das Finance & Controlling.

Wägen Sie somit bei der Quick-Win-Planung ebenfalls ab, wie viel
Aufwand an Men- und Women-Power einfließen muss und ob dieser
umsetzbar ist. Legen Sie hierfür am besten Bewertungskriterien fest,
damit Sie nicht in die Diskussionsfalle tappen.

Experten-Tipps

- Welche Veränderungen mit geringem Invest führen zu größerem
  Outcome?
- Legen Sie Bewertungskriterien fest.

6.2 Quick-Win-Check

Eingangs haben wir uns mit der Analyse von Systemen, Prozessen,
Struktur beschäftigt. Ziehen Sie diese Informationen zur Quick-
Win-Planung heran. Über diese Matrixen, Landscapes können Sie

die Verzahnungen gut erkennen und somit auch No-Gos wie vorab erwähnt festlegen.

Als möglichen Quick-Win-Check können Sie ein Quick-Win-Canva an Ihre Fachbereiche, Business-Units, Key-User oder einzelnen Mitarbeiter aushändigen.

Alternativ steuert dies das TMO-Team gemeinsam mit den entsprechenden Ansprechpartnern aus den Fachbereichen bei, z. B. in Form eines Interviews, um bereits im Vorfeld eine gewisse Selektion durchzuführen.

Im Anschluss legen Sie die Quick-Wins fest, planen diese Mini-Meilensteine (= Quick-Wins), halten die Ergebnisse fest und kommunizieren diese!

Quick-Wins stehen für schnell erzielte Resultate ohne großen Aufwand. Meilensteine, Zwischenziele oder Teilprojekte können als Quick-Win verstanden werden. Ein Quick-Win liefert ein schnelles Ergebnis ebenso wie eine einfache Implementierung. Werden schnelle Erfolge erzielt, befördert das die entsprechenden Projekte. Nichts ist schlimmer, als auf ein Ergebnis hinzuarbeiten, bei dem ein Outcome nicht zu sehen ist. Deshalb ist es klug, sich innerhalb der großen Transformation mit kleinen Quick-Wins auseinanderzusetzen. Erstrebenswert ist z. B. das Erarbeiten der Quick-Wins mit den Endanwendern. Häufig höre ich in meinen Kunden-Projekten von Projektbeteiligten: „Wir wurden ja nicht gefragt". Also nutzen Sie diese Möglichkeit und tragen Sie somit zu einem schnellen Erfolg bei. Abgesehen von einem Transformationsprojekt lässt sich das Quick-Win-Canvas ideal zur Verbesserung und Optimierung von Prozessen, Zusammenarbeit und ähnliches einsetzen. Eine weitere Einsatzmöglichkeit besteht z. B. bei der Analyse eines neuen Systems, indem Sie Ihre Mitarbeiter mittels der Interviewtechnik nach deren Anforderungen und Zielen befragen. Das Quick-Win-Canva kann somit Ihren Mitarbeitern bzw. Projektbeteiligten einen guten Rahmen zur Verfügung stellen, um deren Anforderungen, Wünsche & vieles mehr genauer zu hinterfragen und dann auch zu formulieren – nutzen Sie dieses Canvas für einen schnellen Outcome! (siehe Abb. 6.1).

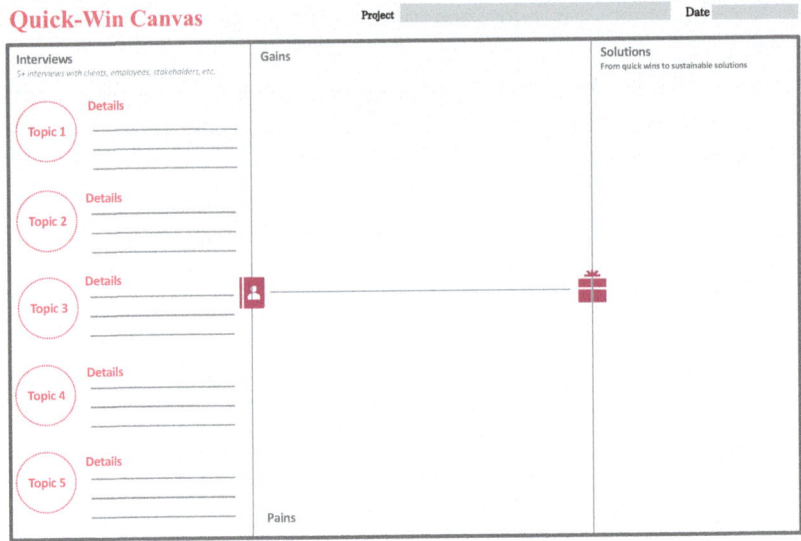

Abb. 6.1 Quick-Win Canvas ©Sylvia Kern 2023. (In Anlehnung an knowledge. li, Interview & Feedback Canvas, https://thecanvasrevolution.com/product/interview-feedback-canvas, CC BY-SA 4.0)

6.3   Future-Skill-Set

Für die künftigen Aufgaben im TMO-Core-Team, aber auch im Hinblick auf den Unternehmenswandel und die zukünftigen Herausforderungen ist eines klar: Die VUCA-Welt ist nicht immer vorhersehbar – teilweise werden wir nicht wissen, wohin die Zukunfts-Reise im Detail im globalen Kontext geht.

Wenn wir uns auf eine Bergtour begeben und die Bedingungen noch nicht alle kennen, ist es das A und O, sich optimal auszustatten. In der Unternehmenswelt ist ein entsprechendes Skill-Set anzulegen.

Immer mehr findet in Unternehmen „lebenslanges Lernen" statt, Re- und Upskilling ist hier ein Zukunfts-Must-Have und Must Do.

Wer künftig zukunftsfähig sein und am Markt bestehen will, muss über ein vielseitiges Skill Set verfügen. Das gilt für Unternehmen wie für Mitarbeiter – grundsätzlich für die gesamte Gesellschaft. Welche Herausforderungen uns künftig noch alle erwarten, ist (noch) nicht bekannt, das heißt, wir müssen uns „wappnen". Wie ein Schweizer Taschenmesser, das einem auf einer Bergtour in vielen Situationen als universelle Hilfe dient!

Der Future-Skill heißt „Vielseitigkeit", hier verweise ich gerne auf mein Buch „Future Skill Vielseitigkeit", das ebenfalls im Springer Gabler Verlag veröffentlicht wurde.

Ein Skill-Set, das mit den verschiedensten Skills ausgestattet ist, lässt uns jede Herausforderung oder Bergtour meistern!

Experten-Tipps

- Future-Skill-Vielseitigkeit aus- und aufbauen | siehe auch notwendige Skills anhand der Studie vom Stiftsverband (Stiftsverband (2018, 2019 ff.)) & McKinsey Company
- Multitalente, Multipassionates, Scanner-Persönlichkeiten suchen, finden und einbinden als Role-Model
- Agile und digitale Transformation und das TMO sind die perfekte Business-Spielwiese für Multitalente
- Bauen Sie Ihre Future-Skill-Landscape: Wo soll es hingehen und welche Skills benötigen Sie dazu?
- Digitalisierung bedeutet Komplexität: Komplexität, Innovationen und Ideen werden durch Vielfalt gewonnen – setzen Sie daher auf Diversität und Vielseitigkeit!
- Innovation starts with Empathy – keine Innovation, keine Idee ohne Empathie
- Fördern Sie Empathie, sie ist eine der Future-Skills, denn wo es komplex wird, sind mehrere Personen beteiligt. Collaboration needs empathy! Wenn wir uns nicht in jemand anderen hineinversetzen können, wird die Zusammenarbeit schwierig.
- Konfliktmanagement ist – wie bereits beschrieben – ebenfalls ein Future-Skill. Wo Vielfalt ist, entsteht Reibung, diese muss am besten mit Win–Win gelöst werden.

7

7steht für Veränderung | Be soft and strong!

Zusammenfassung Die Bergtour „Transformation" hat es in sich. Diese Etappen und diese Challenge müssen gemeistert und es muss erkannt werden, dass Wandel schlicht und ergreifend einen Paradigmenwechsel darstellt. Viele Steine werden angesehen, verworfen, verschönert, beseitigt, be- und gereinigt. Um diesem Ganzen standzuhalten, benötigt es eine tiefe Verankerung, in einem Wort gesagt, den Sinn zu erkennen. Wir machen sozusagen den Switch von der reinen Leistungsorientierung hin zu einer Sinnorientierung, die damit unumstritten einhergeht – jeder der dies nicht annehmen kann und will, wird langfristig scheitern. Am besten berücksichtigen Sie dies im Vorfeld und tragen hierzu bei, sich entsprechende Ver-Stärkung zu sichern, damit Sie unerschütterlich an IHREN Wandel glauben und diesen auch vollziehen.

Herausfordernde Zeiten erfordern neue Impulse. Zukunftsvisionen benötigen ebenfalls neue Inspirationen, denn Kreativität für Neues entsteht durch Neugierde und der Offenheit, Neues auszuprobieren und Inspirationen, Impulse und vieles mehr miteinander zu verbinden.

In manchen Fällen wiederhole ich mich gerne und zitiere hier nochmals Steve Jobs' „creativity is just connecting things"!

Damit es mit Innovationen, Inspirationen, Offenheit und Co. funktioniert, wird ein Future-Skill unerlässlich sein: dieser heißt „Empathie".

In der neuen Welt gilt es, Ziele und Outcome mit Gefühl und Empathie in Einklang zu bringen – Kreativität und Innovation kann nur in einem sicheren Raum stattfinden, in dem es die Möglichkeit gibt, fühlen zu dürfen.

Die Zukunft erfordert, dass wir beides in einer Person und auch im Unternehmen selbst abdecken können, gewissermaßen All-in-One.

7.1   Vom Change zur Transformation

Die „TMO-Basis" gewährte Ihnen einen Ein- und Ausblick der agilen und digitalen Transformation. Hoffentlich ist Ihnen durch das Buch bewusst geworden, dass es sich hierbei nicht nur um einen simplen Change handelt, der mit den üblichen Change-Methoden und -Tools umgesetzt werden kann. Transformation von der alten in die neue Welt gelingt nur beidhändig, wenn wir um die alte Welt und deren Ansätze wissen und gleichfalls die neue Welt verstehen, der GAP dazwischen ist der Weg zur Transformation.

Für diesen Weg müssen, oder besser gesagt dürfen wir persönlich wachsen und unsere Sichtweisen und unser Skill-Set erweitern.

Wir benötigen die zielorientierte Vorgehensweise, häufig dem männlichen Ansatz zugeordnet, aber auch das empathische Verstehen und Einstellen auf das Gegenüber, das häufig dem weiblichen Ansatz entspricht.

Zukünftig müssen wir in den Ansätzen, Lösungen, in der Zusammenarbeit auf beide Welten zurückgreifen können. Diejenigen, die über diese vielfältige Klaviatur verfügen, werden den Wandel erfolgreich umsetzen und WERT-schöpfende Resultate erhalten.

Erkennen Sie die internen Muster, Glaubenssätze, die das Unternehmen, die Organisation bisher ausmachte und prüfen Sie diese, ob diese der Transformation dienlich sind oder diese eher behindern. Seien

Sie mutig und stellen Sie sich Ihren „blinden Flecken" – nur so gelingt Transformation – **aufdecken** – ansehen – akzeptieren und **transformieren, für etwas Neues!**

7.2   Business meets Spirit oder wo ist der Sinn?

Viele Mitarbeiter haben innerlich gekündigt – das Phänomen heißt auch „Quiet quitting". Arbeitnehmer setzen Grenzen. Überstunden, Extra-Meilen sind bei einigen Mitarbeitern nicht mehr en vogue.

Auf Dauer kann der „Dienst nach Vorschrift" weder für Mitarbeiter noch für das Unternehmen erfüllend, bereichernd oder erfolgreich sein.

Wie langweilig ist ein Leben ohne Motivation und Erfolge für erreichte Ziele. Es müssen auch nicht immer diese großen Ziele sein, aber Weiterentwicklung liegt uns im Blut, für eine Person mehr, für die andere weniger.

Gemäß der Maslowschen Bedürfnispyramide (1981) streben wir nach Selbstverwirklichung, sofern unsere Grundbedürfnisse & Co. befriedigt wurden. Will heißen, wenn Dienst nach Vorschrift durchgeführt wird, fehlt die intrinsische Motivation, der SINN.

Unternehmen sind künftig gefragt, den Spirit ihres Unternehmens zu vermitteln. Future-Mitarbeiter wollen nicht nur ihr monatliches Gehalt auf dem Konto verzeichnen können, sondern auch ein sinnerfülltes Arbeitsleben erleben.

Sie wollen einen Beitrag zum Wohle der Gemeinschaft beitragen, dieser Beitrag sieht für jeden Einzelnen unterschiedlich aus.

Fazit: Wollen Sie in Ihrem Unternehmen motivierte und engagierte Mitarbeiter, müssen Sie Ihren Purpose, Ihren Sinn finden und diesen nach außen tragen, damit eine Identifikation der Mitarbeiter bzw. künftigen Mitarbeiter geschehen kann.

Ein weiterer Unterstützer für Extra-Meilen ist „Wertschätzung" – wenn Sie Personen, Gegebenheiten für selbstverständlich erachten, wieso sollte hier ein Overdelivery erfolgen? Es geht hier nicht um finanzielle Anreize, sondern um „menschliches miteinander Agieren" und hierzu benötigt es wieder den Future-Skill „Empathie".

Motivation, Wertschätzung, Spirit und Sinn schaffen den offenen Raum, wo Kreativität entstehen kann, und hier schließt sich wieder der Kreis, denn Innovationen, kreative Lösungen werden in einem Raum gewonnen, wo der „Flow" möglich ist.

Maßgebend ist zu erwähnen, dass natürlich ein Outcome, eine Leistung zu erbringen ist. Es geht jedoch darum, sich von dem reinen Leistungsgedanken künftig zu verabschieden – auch hier gilt der Ansatz „sowohl als auch".

7.3   Future Leadership

Was zeichnet einen Future Leader aus? Aus meiner Perspektive sind das Wirken und Agieren auf Augenhöhe zwei der Future-Skills schlechthin. Dem Future Leader liegen das Wohl und die Weiterentwicklung seiner Mitarbeiter am Herzen, er/sie verfügt über eine starke Persönlichkeit und kann hier die Potenzial-Schätze seiner/ihrer „Kollegen" zum Strahlen bringen.

Das eigene Ego kann hintenanstehen, denn es wird erkannt, dass nur das Team gemeinsam die **Leistung, den Erfolg sichern kann.** Der Future Leader schafft die **Rahmenbedingungen**, unter denen ein selbstwirksames und selbständiges Arbeiten ermöglicht wird.

Neue Führung ist gefragt!
Die Digitalisierung, Automatisierung, KI & Co. lösen die Routinearbeiten immer mehr ab. Was bleibt, sind die komplexen Herausforderungen. Wettbewerbsvorteile, Gewinnsteigerungen werden künftig durch Innovationen, Lösungen und digitale Geschäftsmodelle gewonnen. Die Zusammenarbeit, obwohl ein mehr an Technik zum Einsatz kommt, wird „menschlicher", denn wir müssen mehr miteinander interagieren. Dieses miteinander Agieren benötigt, wie schon erwähnt und angedeutet, einen menschlicheren Führungsstil, ein mehr an Soft-Skills wie Empathie. Diese Skills sind künftig auf der Einstellungs-Check-Liste ganz oben anzusiedeln. Auch die Herausforderung durch die Remote-Möglichkeiten der Zusammenarbeit benötigt eine andere Form der Führung. Wie führe ich „remote", wenn

der Mitarbeiter nicht mehr im Büro zu „sehen" ist?! Vertrauen und ein gutes Gespür für den Menschen sind hier essenziell, also Menschen-Er-Kenntnis.

Fragen Check-Up
* Wer benötigt wieviel Führung?
* Welche Maßnahmen können ergriffen werden, wenn es mal nicht „rund" läuft?
* Wieviel muss und darf reguliert werden?
* Welche Zeiten sind optional oder fix für eine Erreichbarkeit notwendig?
* Welche Tools in der Online-Zusammenarbeit (siehe auch extra Kapitel) können eingesetzt werden?
* Wie schaffe ich online ein WE-Factor-Gefühl?
* Wie sieht es mit Ihrer persönlichen Reflexionsfähigkeit aus?
* Wieviel Feedback können Sie selbst „einstecken"?
* Wieviel Leader steckt tatsächlich in Ihnen?

Begeisterung & Vertrauen schlägt Command & Control
Wenn Ihnen die Zügel für Command- & Control-Führung fehlen, benötigen Sie einen anderen Führungsstil, der ebenso in der agilen Mindset-Welt vorzufinden ist.
Ein Leader begeistert und spornt zu Potenzialentfaltung innerhalb der lernenden Organisation an!

Geschäftserfolg dank Diversität – Vielseitigkeit und Vielfalt sind unerlässlich für ein profitables Business
In einigen Bereichen müssen Studien und Statistiken immer noch als Trumpf ausgespielt werden, um als „Beweismittel" punkten zu können. Um hier auf ein „Beweismittel" zurückzugreifen: Das Beratungshaus McKinsey & Company bestätigt es – wer auf Vielfalt auch im Topmanagement setzt, steigert seine Profitabilität überdurchschnittlich. (McKinsey Studie (2018)),
Für manche Firmen ist dies leider immer noch kein Anreiz, hier auf mehr Diversität zu setzen – bedauerlicherweise eigentlich, dass hier auf einfache Art und Weise auf zusätzliches „Geld/Kapital" verzichtet wird.

Sicherlich schafft Diversität Konfliktpotenzial, denn wo viele Sichtweisen oder andere Sichtweisen aufeinandertreffen, sind Konflikte vorprogrammiert. Nur wenn Sie sich auf eine Urlaubs- oder Geschäftsreise in ein anderes Land begeben, sind Sie vor Ort ebenso „anderen" Sichtweisen und Gebräuchen ausgesetzt. Und was machen Sie in diesem Fall? Sie werden sich mit den Gegebenheiten auseinandersetzen und dies sollten Sie auch in Ihrem eigenen Unternehmen tun, zum Wohle Ihres Geschäftserfolges und Ihrer Zukunftsfähigkeit!

Wer Veränderung will, darf sich seinem eigenen Spiegelbild nicht entziehen!
Häufig schreien wir nach Veränderung und zeigen auf, was alles nicht gut läuft. Wir fordern ebenso, der/die anderen sollen sich doch bitte verändern. Aber wieviel Veränderungsbereitschaft weisen wir selbst auf?

In den vorherigen Kapiteln dieses Buches erwähnte ich die Notwendigkeit und den Nutzen von Vorbildern. Wenn die Transformation für das Unternehmen gelingen soll, ist auch der ein oder andere persönliche Change unabdingbar.

Aus diesem Grunde wird es auch für C-Levels & Co. immer wichtiger, sich für den eigenen Wandel einen TransformationsSparringspartner zu suchen.

Wer könnte denn sonst einem den Spiegel reichen? Selbst sind wir häufig für die eigenen blinden Flecken „blind". Da bedarf es den Blick von außen, einer neutralen und unabhängigen Person, die ebenso mit empathischem Fingerspitzengefühl die „Leichen" aus dem Keller holt und in „Schätze" verwandelt!

Selbstreflexion
Der Blick von außen ist das eine, eine gute Selbstreflexion als unerlässliches Weiterentwicklungs-Tool das andere. In der agilen modernen Welt muss das Ego des Öfteren weichen, ohne Innenschau und Selbstreflexion ist dies nicht machbar.

Das hat auch zur Folge, dass „ich" mich selbst gut kennen muss und darf. Wie reagiere ich auf bestimmte Situationen, welcher Antreiber befindet sich in mir? Die künftige Rolle der Führungskraft geht mit Kontrollverlust einher. Je mehr selbst in einem der Wunsch nach Kontrolle existiert, desto schwieriger wird sich der Wandel für einen persönlich gestalten.

Die Selbsterkenntnis ist der erste Schritt, denn auch Ihre Bedürfnisse dürfen und müssen wertgeschätzt und erfüllt werden. Nur sind diese in der neuen Welt optional auf einem anderen Weg zu erfüllen als auf dem bisherigen.

Was ist Ihnen wichtig? Dominanz, Kontrolle, Statussymbole, Balance?

Innerer Antreiber

Die inneren Antreiber sind das innere Steuerungsinstrument, sie treiben, steuern und motivieren uns. Sie beeinflussen unser Verhalten, Denken und Fühlen. Diese Antreiber entspringen unserem Umfeld (Kindheit) und beeinflussen uns in der Regel unbewusst, sofern wir sie noch nicht erkannt haben. In stressigen Situationen wird z. B. der entsprechende Antreiber „aktiviert" – also wer sich und seine Muster erkannt hat, hat hier für sich selbst ein gutes „Steuerungsinstrument". Dies gilt auch für seine Mitarbeiter oder sein Umfeld, denn wir können mit mehr Verständnis agieren und nehmen bestimmte Reaktionen nicht „persönlich".

Natürlich kann der innere Antreiber ebenso extrem stark ausgeprägt sein und dadurch Probleme hervorrufen, wie Zeitdruck, übertriebene Ungeduld, Versagensängste, Unruhe u. v. m. Schon allein aus diesem Grund ist es wichtig, sich selbst und seine eigenen Antreiber besser kennenzulernen, um auch optional positiv entgegenzuwirken.

Kennen Sie Ihren inneren Antreiber?

- Sei perfekt!
- Sei stark!
- Sei gefällig!
- Streng dich an!
- Sei schnell!

Wie erkennt man den „inneren Antreiber" für sich und andere?

Innerer Antreiber „sei perfekt"

Herzlich willkommen Perfektionismus, alles muss perfekt und bestmöglich sein! Oft wird viel Zeit und Aufwand verursacht, alles richtig gut zu machen, gründlich zu sein, es besteht sogar ein gewisser Druck, einfach mehr als 100 % zu geben. Der Wunsch hinter dem Perfektionismus ist „Anerkennung". Im Voraus wird sich gerechtfertigt, weil innerlich eine gewisse Unsicherheit vorzufinden ist. Der Antreiber für die Perfektion ist es, Kritik abzuwenden, da ansonsten die gewünschte Anerkennung fehlt.

Glaubensmuster – Gedanken, die dahinterstecken:

- Bloß keine Fehler machen! – Kontrolle, Check, Kontrolle, Check…
- Selbstoptimierungswahn! – immer noch besser zu werden (ungesundes Maß!)
- Chaos und Schlamperei, wie grauenhaft!

Vorteile:

- Genauigkeit & Exaktheit
- Planungs-Know-how
- Blick fürs Detail!

Nachteile:

- Übertriebene Genauigkeit kann in „Pedanterie" umschlagen
- Stressanfällig, da Angst vor Kritik
- Schleppende Entscheidungskompetenz, da zu langes Abwägen der Informationen

Innerer Antreiber „sei stark"

Der innere Antreiber „sei stark" ist gekennzeichnet von dem Merkmal, keine **Schwäche** zeigen zu wollen. Die eigenen Gefühle werden vor anderen verborgen und nach außen wird die Haltung vermittelt von Selbstbeherrschung, Durchhaltevermögen und Kontrolle. Gefühle, Schwäche zu zeigen, empfindsam zu sein oder keine Antworten auf Fragen zu haben, all das wird hinter einer Maske versteckt.

Glaubensmuster – Gedanken, die dahinterstecken:

* Gefühle zeigen = No-Go – das macht verletzlich!
* Nur die Harten kommen in den Garten!
* Zähne zusammenbeißen!
* Man muss sich auch (mal) quälen können!
* Meine Innenwelt geht niemanden etwas an!

Vorteile:

* Durchhaltevermögen
* Belastbarkeit
* Eigenverantwortung – hohe Eigenständigkeit

Nachteile:

* Angst vor Ablehnung, wenn Schwäche gezeigt wird
* Angst vor Fehlern
* Mehr Lonesome Rider – Einzelgänger

Innerer Antreiber „sei gefällig"

Der innere Antreiber „sei gefällig" möchte es allen recht machen und beliebt sein! Man fühlt sich für das Wohlergehen des Umfelds verantwortlich. Seine eigenen Bedürfnisse stehen hinten an, oft werden diese gar nicht erkannt, weil der Fokus im Außen liegt. Nein sagen fällt daher ebenfalls sehr schwer, denn wer nein sagt, könnte unter Umständen „Ablehnung" erfahren.

Glaubensmuster – Gedanken, die dahinterstecken:

* Nein sagen fällt schwer!
* Immer freundlich zu allen sein – es fällt schwer, mal „Kante" zu zeigen!
* Eigene Interessen werden vernachlässigt, Akzeptanz vom Umfeld ist wichtiger!

Vorteile:

* Wenig Konfliktpotenzial – Vermittlerposition
* Hohe soziale Kompetenz (soziale Verträglichkeit)
* Empathiefähigkeit

- Harmoniebestreben

Nachteile:

- Gemocht ist nicht respektiert zu werden! (die Mischung machts, „Charisma")
- Negativität & Ärger, wenn die eigenen Bedürfnisse zugunsten anderer immer vernachlässigt werden!
- Gefahr, ausgenutzt zu werden

Innerer Antreiber „streng dich an"

Der innere Antreiber „streng dich an" peitscht einen im wahrsten Sinne des Wortes zur Bestleistung, immer zum vollen Einsatz und geht mit hohem Pflichtbewusstsein einher. Nur die Harten kommen in den Garten sozusagen, hoher Leistungsdruck und Quantität stehen vor Qualität. Der Gedanke dahinter: Nur wenn man sich anstrengt, geschieht Erfolg. Geht etwas leicht von der Hand, ist das nicht „wertvoll", denn dafür war ja keine Anstrengung vonnöten. Die Angst, die sich dahinter verbirgt, ist, **„andere könnten besser sein"**, somit legt man noch eine Schippe drauf!

Glaubensmuster – Gedanken, die dahinterstecken:

- Nur die Harten kommen in den Garten!
- Das Leben ist kein Honiglecken – das Leben ist hart!
- Erfolge muss man sich hart erarbeiten!
- Ohne Fleiß kein Preis! Reiß dich am Riemen!

Vorteile:

- Volles Engagement
- Hohe Einsatzbereitschaft

Nachteile:

- Nichts ist gut genug! Ständige Unzufriedenheit
- Ein Ergebnis gilt nur etwas, wenn es mit Anstrengung erreicht wurde!
- Angst ist ein ständiger Begleiter, denn die anderen könnten besser sein – Wettbewerb!
- Burn-out – ständige Überforderung

Innerer Antreiber „sei schnell"

Schnell, beeil dich, das sind die Worte des inneren Antreibers „sei schnell". Der Tagesablauf ist dynamisch und hektisch. Alles muss sofort, gleich und schnell umgesetzt werden und am besten alles gleichzeitig, um keine Zeit zu verlieren und schwupp, ist das nächste Thema dran.

Glaubensmuster – Gedanken, die dahinterstecken:

- Action, I love it! Ich mache gerne mehrere Dinge gleichzeitig!
- Schnell, schnell, don't waste time!
- Ich bin der Motor, der die Dinge voranbringt!

Vorteile:

- Schnelle Entscheidungsfindung
- Schnelle Ergebnisse
- Multitasking & Multi-Projekte können gemanagt werden

Nachteile:

- Tempo und Speed lässt Details außen vor
- Übereiltes Handeln kann zu späteren Problemen führen
- Angst, etwas zu verpassen

Innere Antreiber und deren Vorteile bewusst einsetzen!

Die inneren Antreiber können aber auch mehr als „positiv" in der Team-Konstellation eingesetzt werden, beispielsweise im „Controlling". Hat ein Mitarbeiter einen inneren Antreiber „sei perfekt", können Sie sich auf das Zahlenmaterial verlassen (siehe Abb. 7.1).

Oder wie sieht es in Sachen Umsetzungs- und Lösungsstärke aus? Haben Sie den Antreiber „sei schnell" im Boot, können Sie mit Sicherheit davon ausgehen, dass Sie Ihre gewünschten PS auf die Straße bringen werden, und dem GoLive steht nichts im Wege!

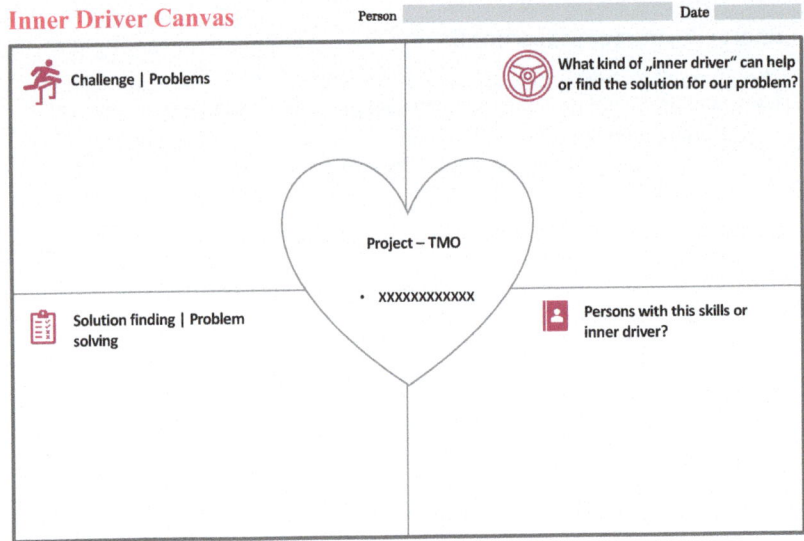

Abb. 7.1 Inner Driver Canvas. (©Sylvia Kern 2023. All Rights Reserved)

Wie immer gilt: Jede Medaille hat zwei Seiten. Wo Licht ist, ist auch Schatten. Am richtigen Platz kommen die wahren Schätze zum Strahlen!

7.4   Be unshakeable

Sich vielseitig aufzustellen, sorgt für mehr Stabilität. Was die Zukunft alles mit uns vorhat, wissen wir teilweise nicht. Damit wir unerschütterlich an uns selbst und die entsprechenden Visionen und Ideen glauben, bedarf es einer stabilen mentalen Stärke.

Wir haben keinen Einfluss auf das, was im Außen geschieht. Wir haben jedoch die Möglichkeit, unseren Einflussbereich zu erkennen und diesen zu stärken.

Hier möchte ich gerne einen Motivations-Impuls von Tony Robbins mit Ihnen teilen:

Be unshakeable

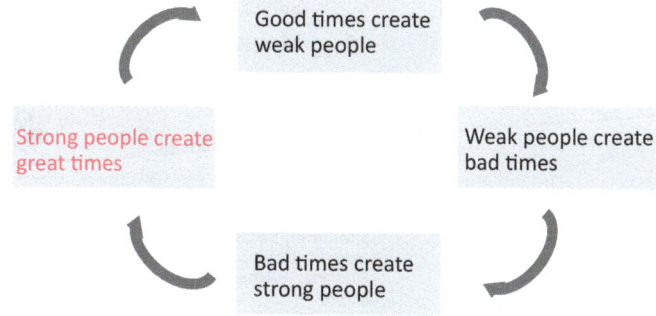

Inspiration – Idee: Tony Robbins

Abb. 7.2 Be unshakeable ©Sylvia Kern 2023. All Rights Reserved. (In Anlehnung an Workshop von Tony Robbins „be unshakeable")

„Good times create weak people." – „Weak people create bad times." – „Bad times create strong people." – „Strong people create great times."

Also: Werden Sie unerschütterlich und kreieren Sie starke Personen für große Erfolge! (siehe Abb. 7.2).

Experten-Tipps (siehe Abb. 7.3)
- Morgen-Routine für Tages-Power
- Setzen Sie auf Reflexion – Selbstreflexion, und fördern Sie diese
- Sage Sie dem Egogedöns Ciao und begrüßen Sie den We-Factor

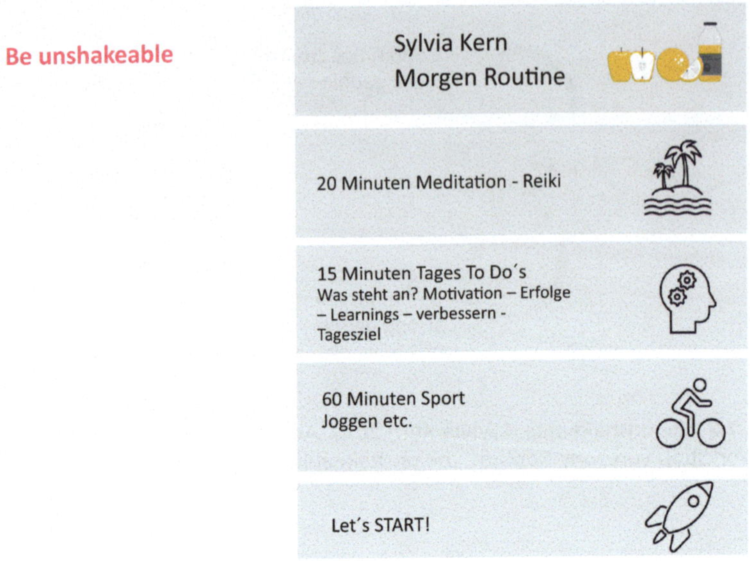

Abb. 7.3 Be unshakeable – Morgenroutine. (© Sylvia Kern 2023. All Rights Reserved)

8

Ausblick – vom Basislager zum Deep Dive und GoLive

Zusammenfassung Im letzten Kapitel dieses Buches wird Ihnen ein kleiner, feiner Vorgeschmack auf die nächsten Bücher zu dieser Serie vorgestellt. Von der Basis zum Deep-Dive-Erlebnis, wo wir in den Tiefen der Projekte schürfen und Insides von der wahren TMO-Welt vermitteln.

Die Basis für die Transformationsbesteigung haben Sie nun gelegt. Die wichtigsten Informationen und das TMO-Core-Team sowie die entsprechenden TMO-Mitglieder sind aufgestellt.

Sie haben sich für ein Leuchtturmprojekt entschieden, das Transformationskonzept inklusive Vision, Mission und Ziele sowie Meilensteine wurden ebenfalls festgelegt, beschlossen, finalisiert und grob dokumentiert.

Systeme, Tools und Methodenmix, die Ihnen das Vorantreiben ermöglichen, stehen ebenfalls und sind am besten bereits durch Schulungen, Handouts und vieles mehr schon an Ihre Mitarbeiter überreicht worden.

Das TMO-Kick-off-Event war ein Erfolg und alle sind hochmotiviert und begeistert, sich der Transformations-Challenge zu stellen.

© Der/die Autor(en), exklusiv lizenziert an Springer-Verlag GmbH, DE, ein Teil von Springer Nature 2023
S. Kern, *Das Transformation-Management-Office – Die Basis*,
https://doi.org/10.1007/978-3-662-68082-7_8

Herzlichen Glückwunsch und willkommen für weitere Deep-Dive-
und GoLive-Impulse in den weiterführenden zwei Büchern!

Sie dürfen gespannt sein auf eine ERP-Leuchtturmprojekteinführung
und Deep-Dive-Informationen – sozusagen von der Front. Dazu
kommen ein Interview über eine ERP-Einführung und warum es mehr
um einen Kulturwandel geht als um einen Technologie-Shift sowie
GoLive-Snippets aus meiner IT- und ERP-Best-Practice-Welt.

Herzliche und erfolgreiche We-Factor-Grüße – Sylvia Kern!

Literatur

BMW-Group (2012) Agile Prozessplanung in der Motorenproduktion. https://www.yumpu.com/de/document/read/43766648/agile-prozessplanung-in-der-motoren-scrum-day

Forbes (2016) Are these the 7 real reasons why Tech projects fail? https://www.forbes.com/sites/bernardmarr/2016/09/13/are-these-the-real-reasons-why-tech-projects-fail/#249bc7817320

Glasl F (2020) Konfliktfähigkeit statt Streitlust. Verlag am Goetheanum

Handelsblatt (2022) Wissen teilen: So gelingt Knowledge Sharing im Arbeitsalltag. https://www.handelsblatt.com/adv/firmen/wissen-teilen.html

Laloux F (2015) Reinventing Organizations. Vahlen Franz GmbH

Kern S (2022) Future Skill Vielseitigkeit. Springer Gabler

Maslow AH (1981) Motivation und Persönlichkeit. Rowohlt

Mc Kinsey (2018) Neue Studie belegt Zusammenhang zwischen Diversität und Geschäftserfolg. https://www.mckinsey.com/de/news/presse/neue-studie-belegt-zusammenhang-zwischen-diversitat-und-geschaftserfolg

Mc Kinsey (2019) The transformation office: Key success factors. https://www.mckinsey.de/business-functions/transformation/our-insights/the-transformation-office-key-success-factors

Robbins, Tony:– Be unshakeable. https://www.tonyrobbins.com/

Schulz von Thun, Friedemann: das Kommunikationsquadrat. https://www. schulz-von-thun.de/die-modelle/das-kommunikationsquadrat

Stiftsverband (2018, 2019 ff) Future skills. https://www.stifterverband.org/ future-skills

Literaturempfehlungen

Berne E (2002) Spiele der Erwachsenen: Psychologie der menschlichen Beziehungen. Rowohlt

Bingham A (2011) The open Innovation Marketplace. FT Press, New Jersey

Cottin C, Döhler S (2009) Risikoanalyse. Vieweg Teubner

Dräther R, Koschek H, Sabling C (2013) Scrum kurz & gut, O'Reilly Verlag GmbH & Co. KG

Ebert B. (2018) Prozessoptimierung bei Industrie 4.0 durch Risikoanalysen. Springer Vieweg

Fischer R, Ury W, Patton B, Neubauer J (2018) Das Harvard-Konzept: Die unschlagbare Methode für beste Verhandlungsergebnisse

Lüscher M (2005) Der 4-Farben-Mensch: Wege zum inneren Gleichgewicht. Ullstein Taschenbuch

GPSR Compliance

The European Union's (EU) General Product Safety Regulation (GPSR) is a set of rules that requires consumer products to be safe and our obligations to ensure this.

If you have any concerns about our products, you can contact us on ProductSafety@springernature.com

In case Publisher is established outside the EU, the EU authorized representative is:

Springer Nature Customer Service Center GmbH
Europaplatz 3
69115 Heidelberg, Germany

The manufacturer's authorised representative in the EU is Springer
Nature Customer Service Centre GmbH, Europaplatz 3, 69115 Heidelberg,
Germany. If you have any concerns regarding our products, please
contact ProductSafety@springernature.com

Printed and bound by CPI Group (UK) Ltd, Croydon, CR0 4YY
28/04/2026
02098540-0003